Blame it on the Vampire!

Weitere Storys

www.sprachkrimis.de

Weitere Storys im Internet!

1. *Scanne den QR-Code auf dem Buch-Cover oder auf dieser Seite mit deinem Smartphone ein.*

   Dafür benötigt dein Gerät einen QR-Code-Scanner. Dieser ist entweder vorinstalliert oder kann als kostenlose App von zahlreichen Anbietern heruntergeladen werden.

2. *Mithilfe des QR-Codes gelangst du direkt auf die Website unserer Sprachkrimireihe. Natürlich kannst du auch ohne Smartphone auf die Website gelangen, indem du folgende Webadresse eingibst:*

   www.sprachkrimis.de

3. *Auf der Website findest du einen spannenden Kurzkrimi in englischer Sprache und Übungen dazu.*

Blame it on the Vampire!

Autorin: Gabi Neumayer
Muttersprachliches Korrektorat:
Context Gesellschaft für Sprachen- und Mediendienste mbH
Satz: Noch & Noch
Covergestaltung: Marlies Müller
Coverillustration: Hauke Kock

Gesamtherstellung: Tandem Verlag GmbH

ISBN 978-3-8427-0640-8

www.tandem-verlag.de

Der letzte Flederball

Der Mond schien nur schwach durch die Kronen der jahrhundertealten Eichen auf die Flederballspieler. Aber das störte die Jungen und Mädchen nicht. Sie konnten im Dunkeln hervorragend sehen, ebenso wie die Zuschauer, die mehrere Meter unter ihnen auf der Waldlichtung standen und ihre Mannschaft anfeuerten.

Verena war einen winzigen Moment lang abgelenkt, als sie die Stimme ihres kleinen Bruders Vince hörte: „Mach sie fertig, Ver!“[1]

Das war allerdings leichter gesagt als getan. Es stand zwar kurz vor Schluss immer noch unentschieden, aber ... Verena sah sich nach den drei anderen Spielern ihrer Mannschaft um, die verbissen vor ihrem eigenen Tor kämpften und nur hin und wieder verzweifelte Blicke in Verenas Richtung warfen.

Verena richtete den Blick wieder auf das gegnerische Tor. Es wurde von 14 Fledermäusen bewacht. Ihre Gegner hatten bisher nur zwei Fledermäuse durch eine blutrote Karte verloren – in Verenas Mannschaft hingegen spielte nur noch eine einzige Fledermaus mit.

Aber das war nicht irgendeine Fledermaus. Das war Vicky. Verena hatte sie von klein auf trainiert, und sie war die beste Flederballfledermaus, die es gab.

„Was meinst du, Vicky“, flüsterte Verena der Fledermaus zu, die so dicht neben ihr flog, dass Verena den Luftzug ihrer Flughäute spüren konnte. „Was sollen wir tun?“

Vicky flog ein Stück nach links, dann nach vorn, dann kam sie

1 *Die englischen Dialoge setzen auf Seite 8 ein.*

zurück. Verena blickte in die Richtung, die Vicky angezeigt hatte, und grinste. Die Fledermäuse dort schienen sich zu langweilen, weil sie schon eine Weile nichts zu tun bekommen hatten. Ihre eigenen Spieler hatten in den letzten Minuten ja unentwegt das Tor von Verenas Mannschaft angegriffen. Und da Fledermäuse mit Langeweile nur schwer umgehen können, hatten in der linken Ecke des Tores zwei von ihnen angefangen, sich zu streiten. Ihre Ultraschallschreie gellten durch die Nacht, sodass sich sogar die Zuschauer einige Meter unter ihnen die Ohren zuhielten.

Verena winkte ihre Mitspielerin Vicky zu sich heran. Sie verließ nur zögernd die Verteidigungslinie, aber nachdem Verena ihr erklärt hatte, was sie vorhatte, flog Vicky in rasender Geschwindigkeit auf die rechte Ecke des gegnerischen Tors zu. Die Spieler der anderen Mannschaft starrten sie aus der Ferne ungläubig an. Es war für jeden offensichtlich, dass Vicky nicht die geringste Chance hatte, ein Tor zu werfen.

Gleichzeitig hielt Verena jedoch auf die Mitte des Tors zu, was die gegnerischen Fledermäuse dazu brachte, sich ein wenig von der linken Torseite zurückzuziehen.

Genau darauf hatte Verena spekuliert. „Los!", rief sie Vicky zu. Die Fledermaus jagte wie ein Torpedo auf die drei Fledermäuse zu, die die linke Ecke bewachten. Eine stellte sich ihr in den Weg, doch Vicky fegte sie zur Seite. Die anderen beiden waren so mit ihrem Streit beschäftigt, dass sie viel zu spät bemerkten, was da auf sie zukam. Sie konnten nur noch zur Seite taumeln, während Verena eine scharfe Wende direkt vor dem Tor hinlegte, nach links ausbrach – und den Flederball durch die Lücke, die Vicky geschaffen hatte, ins Tor schleuderte. Keine Sekunde später pfiff der Schiedsrichter das Spiel ab.

Die Zuschauer stürmten das Spielfeld, Fledermäuse und Vampire flogen Loopings im Siegestaumel. Die Gegner packten ihre Fledermäuse ein und machten sich mürrisch davon. „Ihr geht morgen früh alle ohne Frühstück ins Bett!", hörte Verena den Kapitän der Verlierermannschaft seine Fledermäuse anschreien. „Und keine Motten die nächsten drei Nächte!"

Exercise 1

Buchstabensalat. In den folgenden englischen Wörtern zum Thema *Vampire* sind die Buchstaben völlig durcheinandergeraten. Kannst du sie wieder in die richtige Reihenfolge bringen?

1. *tab* ________________
2. *boldo* ________________
3. *thing* ________________
4. *swing* ________________
5. *hetet* ________________

Verena grinste und zog eine Schachtel mit dicken Nachtfaltern aus der Umhangtasche. Sie öffnete sie vor Vickys leuchtenden Augen und ließ die Falter frei. Sie flatterten schnell davon, aber Vicky und die anderen Fledermäuse waren schneller.

Verdrängt

Der Morgen dämmerte bereits, als Verena und Vince das Anwesen betraten, in dem sie mit ihren Eltern lebten – und mit acht Dienstboten, die sich um die 13 Zimmer, den Park, die Pferde und natürlich um den gesamten Haushalt kümmerten.

Schnell zogen die beiden sich um, dann rannten sie ins Esszimmer.

Ihr Vater stocherte mit einem Schürhaken im Kamin, ihre Mutter saß bereits am Esstisch.

„You're late", sagte sie kühl und legte sich eine Damastserviette auf den Schoß.

„Mama, das hättest du sehen sollen!" Vince ließ sich auf seinen Stuhl fallen und schaufelte sich Blutwurstauflauf auf den Teller. „Wir hatten nur noch eine Fledermaus, die anderen hatten noch 14! Und trotzdem haben wir gewonnen. Also, zuerst hat Vicky …"

„In English, dear", erinnerte seine Mutter ihn und hielt Verena gleichzeitig die Schüssel mit dem Blutwurstauflauf hin.

Verena zögerte kurz, weil sie nicht glauben konnte, dass sie tatsächlich anständiges Vampiressen bekam. Wann hatte sie zum letzten Mal etwas anderes als widerlichen Menschenfraß gegessen? Erbsen und Spinat und ekelhaften Apfelsaft … Seit ihre Eltern beschlossen hatten, sie auf dieses Menscheninternat zu schicken, hatte sie sich an all das sonderbare Zeug gewöhnen müssen. Und nicht nur das: Seit Wochen schluckte sie nun schon Tabletten gegen Sonnenallergie und hielt sich gleichzeitig mehrere Stunden am Tag unter freiem Himmel auf. „Desensibilisierungstherapie“ nannten sie das. Weil das Internat – auf das schon Verenas Mutter gegangen war – in England lag, hatten sie außerdem zu Hause in den letzten Monaten fast ausschließlich Englisch gesprochen. Aber so war das eben, wenn man die Tochter einer reichen Vampirfamilie war: Verenas Vorfahren waren alle in einem Menscheninternat gewesen, und Vince blühte das auch noch, wenn er älter war.

Warum dachte sie gerade jetzt über all das nach? Sie hatte es in der letzten Zeit doch erfolgreich verdrängt. Und vielleicht überlegten ihre Eltern es sich ja auch noch anders, wenn sie nur heftig genug protestierte …

Verena schob sich einen Löffel Blutwurstauflauf in den Mund. Für ihr Siegertor hatte sie sich eine Belohnung verdient, und da kam ihr Lieblingsgericht gerade recht.

Exercise 2

***will*-Futur. Setze die folgenden Sätze ins Futur, das mit *will* gebildet wird. Zum Beispiel:** *You ________________ (leave) tomorrow* **→** *You'll be leaving tomorrow.*

1. *It's so hot today, I think I ________________ (have) an ice cream.*
2. *She's in the town centre. He ________________ (meet) her there.*
3. *One day we ________________ (buy) a new car.*

„I really like that casserole[1]“, sagte sie. „And I sincerely[2] hope there is some more in the kitchen so we can have more of it tomorrow.“

Ihr Vater, der gerade eine Gabel zum Mund führte, erstarrte in der Bewegung. Verenas Mutter tupfte sich den Mund mit ihrer Serviette ab, dann sah sie ihre Tochter mitfühlend an.

„You won't[3] be able[4] to eat any more of this tomorrow, I'm afraid. Have you forgotten that you'll be leaving for[5] Falcon Manor tomorrow?“

Da wurde Verena schlagartig klar, warum sie die Sache mit dem Internat eben nicht mehr hatte verdrängen können. Ihr Löffel fiel klappernd auf den Tisch, dann rannte sie aus dem Zimmer.

1 casserole: Auflauf 2 sincerely: ernsthaft 3 won't: wird nicht 4 to be able to: können 5 to leave for: abreisen nach

Der Abschied

Nachdem sie am Flughafen London Gatwick in einen goldfarbenen Bentley mit Chauffeur ungestiegen waren, erzählte Verenas Mutter ununterbrochen von all den großartigen Dingen, die Verena auf Falcon Manor erwarteten.

„You'll have the chance to learn practically[1] all there is to know about humans beings[2]!“, sagte sie begeistert.

„Darauf kann ich verzichten“, sagte Verena grimmig und rückte ihre Sonnenbrille zurecht. „Was ich bisher über sie weiß, reicht mir völlig.“

„In English, dear“, ermahnte ihre Mutter sie.

„I don't want to know anything about humans!“, schrie Verena. „I hate their food, I hate their clothes ...“ Sie zerrte an dem grünen Faltenrock und dem grünen Pullunder mit dem Schulwappen – einem Falken –, die zu Schuluniform gehörten. Sie hatte noch nie etwas anderes als schönes, beruhigendes Schwarz getragen, und jetzt sollte sie herumlaufen wie ein Papagei?

„It'll help you adjust[3] to the humans at Falcon Manor“, sagte ihr Vater. „They'll accept you much more easily as one of them if you adjust.“

„Aber ich will nicht ...“

„In English, dear“, sagte ihre Mutter.

„Ladies and Gentleman, Falcon Manor“, ließ sich in diesem Moment der Chauffeur vernehmen.

Der Wagen rollte auf der kiesbedeckten Einfahrt aus und hielt vor dem Eingangstor.

1 practically: praktisch, so gut wie 2 human beings: Menschen 3 to adjust: sich anpassen

Verena wurde flau im Magen, als sie die vielen Menschenmädchen in ihren Schuluniformen sah.

Der Chauffeur hielt ihnen die Tür auf.

Viel zu schnell hatten sie die Formalitäten im Büro der Schulleiterin, Ms[4] Iddleton, erledigt, und dann standen sie schon wieder vor dem Bentley.

„It's time to say goodbye." Verenas Mutter schnäuzte sich in ihr Spitzentaschentuch. „I'm sure you'll enjoy[5] your time here just like I loved being at Falcon Manor when I was a young girl …"

Exercise 3

***Contracted forms.* Schreibe die folgenden zusammengezogenen Formen jeweils als zwei getrennte Wörter. Zum Beispiel: *I'm → I am*. Achtung: Manchmal gibt es mehrere Möglichkeiten!**

1. *she'll* ________________
2. *he'd* ________________
3. *we're* ________________
4. *they've* ________________
5. *it's* ________________

Vince begann zu weinen. Verena sah ihren Vater an, aber der zuckte nur bedauernd die Schultern.

4 Ms: Frau, *Anrede für verheiratete und unverheiratete Frauen* 5 enjoy: Freude haben an, Gefallen finden an

Es half alles nichts. Sie würden sie hier lassen. Ein ganzes Jahr lang musste sie ohne ihre Familie, ohne Vicky, ohne Flederballspiele, Schlafsarg und Blutwurstauflauf leben. Und ohne Handy, denn das war im Internat verboten, und Ms Iddleton hatte es gleich einkassiert. Aber das Schlimmste war: Sie würde die seltsamen Gewohnheiten der Menschen ertragen müssen …

Sie umarmte Vince, der sich an sie klammerte.

„Take care[6], dear“, sagte ihr Vater beklommen.

„And don't forget to write every now and then[7]. In English, of course[8]“, ergänzte ihre Mutter. Dann fuhr der Bentley über den knirschenden Kies davon.

Verena sah ihm nach, bis er nur noch ein goldener Punkt am Horizont war.

6 take care: mach's gut 7 every now and then: ab und zu 8 of course: natürlich, selbstverständlich

Auf dem Kieker

Menschen, alles war voller Menschen. Mit ihren rosigen Gesichtern und ihrer unnatürlichen Munterkeit mitten am Tag, wenn anständige Vampire längst schliefen. Und alle Mädchen trugen dieselbe grässliche Schuluniform wie Verena.

In der Nähe eines gigantischen Brunnens in Form eines Felsens, auf dem ein riesiger Falke hockte und Wasser aus seinem Schnabel spie, stand ein Mädchen, das zu Verena herübersah. Ihr feines blondes Haar flatterte um ihren Kopf, und ihr Teint war so blass wie bei einem Vampir. Verena hatte zwar noch nie von blonden Vampiren gehört, und ihre Eltern hatten gesagt, dass man streng darauf achtete, nie mehr als einen Vampir auf dasselbe Internat zu schicken – damit sie sich nicht zusammentaten, anstatt sich an die Menschen anzupassen. Aber vielleicht war es versehentlich ja doch passiert?

Sie machte einen Schritt auf das Mädchen zu, als jemand sie grob am Arm packte.

Verena schüttelte den Arm ab und fuhr herum.

„Hey!“, schrie das pummelige Mädchen, das Verena angefasst hatte, und sah sie wütend an.

„She's quite[1] strong“, sagte ein anderes Mädchen. Sie war vielleicht zwei Jahre älter als Verena, trug einen braunen Zopf und hatte die Augen zu Schlitzen verengt, während sie Verena musterte wie ein Pferd bei einer Auktion. „Perhaps[2] we shouldn't tease[3] her.“

Sie lachte verächtlich, und die anderen drei, die um sie herum

1 quite: ziemlich, ganz schön 2 perhaps: vielleicht 3 to tease: reizen

standen, fielen nach kurzem Zögern ein. Offenbar war das Mädchen mit dem Zopf die Chefin dieser Gruppe.

„On the other hand[4]", sagte das Mädchen, „let's be polite[5]. We should feel sorry for this pityable[6]girl. Just take a look at her complexion[7]. She's as pale[8] as if she had been living in a cellar without windows for quite some time." Sie sah sich beifallheischend zu ihren Freundinnen um. „Maybe that's the reason why she is mute[9] as well[10]. And blind. Just take a look at those old-fashioned[11] sunglasses!"

Exercise 4

Gegensätze ziehen sich an! Findest du die Gegensatzpaare in den folgenden beiden Wortlisten? Zum Beispiel: *search – find.*

1. *polite – pale – right – loud – full – clean – old-fashioned*
2. *quiet – dirty – rosy/bright – empty – trendy – left – impolite*

Verena konnte nichts dagegen tun: Das Verlangen, sich auf dieses Menschenmädchen zu stürzen, überwältigte sie. Sie knurrte, und ihre Eckzähne begannen zu wachsen. In wenigen Augenblicken würde jeder sehen, dass sie ein Vampir war …

Da legte sich eine Hand auf ihre Schulter. Verena fuhr herum und blickte in das Gesicht des blonden Mädchens vom Brunnen.

„Well, Mary", sagte sie zu der Anführerin der Gruppe, „I have to take this girl to Ms Cameron. She wants to finish[12] the room assignments[13]."

4 on the other hand: andererseits 5 polite: höflich 6 pityable: bedauernswert 7 complexion: Teint 8 pale: blass 9 mute: stumm 10 as well: auch 11 old-fashioned: altmodisch 12 to finish: beenden 13 room assignments: Zimmerverteilung

Mary musterte das blonde Mädchen, als wäre es eine Kakerlake. Dann zischte sie: „You better be careful[14], Claire, not to cross my path[15]. You don't have what it takes to take me on[16]. Everybody knows that if it wasn't for your scholarship[17] your parents could never afford[18] to let you waste your time here." Dann drehte sie sich auf dem Absatz um und lief zum Schloss, dicht gefolgt von ihren Freundinnen.

„What a bitch[19]!", stieß Verena hervor.

Das Mädchen lachte und hielt Verena die Hand hin. „Hi, I'm Claire."

Nach kurzem Zögern ergriff Verena die Hand. Sie achtete darauf, nicht zu fest zuzudrücken, um sich nicht gleich am ersten Tag durch ihre Stärke zu verraten. Schlimm genug, dass sie eben beinahe die Fassung verloren hatte – das durfte ihr nicht noch einmal passieren. Die Menschen durften niemals erfahren, dass es Vampire wirklich gab. Nur solange sie Verena und ihresgleichen für Märchengestalten hielten, waren die Vampire sicher.

„Hi, Claire, nice to meet you. My name is Verena", sagte sie. Beinahe hätte sie gelächelt, aber im letzten Moment fiel ihr glücklicherweise noch ein, dass sie erst ihre Zähne einziehen musste. Dabei hatte sie wohl ziemlich merkwürdig ausgesehen, denn Claire sagte beruhigend:

„Don't worry, Verena. The first day is always difficult. Now, would you like me to show you around[20]? But you'd better think twice[21] before you come with me. It won't be easy for you to become a member of Mary's in-group if you hang out[22] with me." Claire sah zu Boden, und ihre blassen Wangen färbten sich zartrosa. „You'll probably[23] become an outsider like me."

14 careful: vorsichtig 15 to cross one's path: jemandem in die Quere kommen 16 to take somebody on: sich mit jemandem anlegen 17 scholarship: Stipendium 18 to afford: sich leisten 19 bitch: Biest (ugs.) 20 to show someone around: jemanden herumführen 21 to think twice: sich etwas zweimal überlegen 22 to hang out: rumhängen (ugs.) 23 probably: wahrscheinlich

„You mean“, sagte Verena, und da ihre Zähne wieder normal aussahen, setzte sie jetzt ein strahlendes Lächeln auf, „that I wouldn't have to follow the orders[24] of a mean[25] fourteen-year-old, if we became friends?“

Da lächelte Claire.

„You know what[26], Verena? I like your style.“ Sie hakte sich bei Verena unter, und Arm in Arm gingen sie zum Eingangstor der Schule.

„When you talk about style, I hope you're not referring to these terrible[27] clothes“, erwiderte Verena mit einem Blick auf ihre Schuluniform.

Claire brach in lautes Lachen aus. Dann betraten sie das altehrwürdige Internat Falcon Manor.

Exercise 5

Wahr oder falsch? Eine der folgenden Aussagen ist falsch. Findest du heraus, welche?

1. *Verena has a younger brother named Vince.*
2. *Verena's mum tells her to write every now and then.*
3. *Mary becomes Verena's new friend at Falcon Manor.*
4. *Ms Cameron finishes the room assignments.*

24 to follow the orders: den Anordnungen/Befehlen folgen 25 mean: gemein 26 know what?: weißt du was? 27 terrible: schrecklich, furchtbar

Der Ärger beginnt

Dear Dad, dear Mum, dear Vince,
My first day in Falcon Manor was not as bad as I had expected[1]*. And I'm really proud*[2] *that I pulled myself together.*
First, I was threatened by a mean older girl and her friends but managed not to break character[3]*. After that, I had two cups of tea with all the other girls in the dining hall*[4] *without getting sick*[5]*. And when the head mistress of the school, Ms Iddleton, asked me what my favourite*[6] *sport was, I didn't tell her about flederball but said the first thing that came to my mind: football. Unfortunately,*[7] *she was quite happy about that and signed me up*[8] *for the school team right away. And I don't know anything about football …*
Well, I have to go to sleep now, although it's not even midnight. But I won't complain[9]*. I'll even put myself down in a human bed. That's because of Claire, my roommate. She helped me deal with the mean girl and I'm really happy that we're sharing*[10] *a room.*
Give Vicky a fat moth from me. I hope she isn't still angry with me because I didn't take her along[11]*. But even though she's a really fierce*[12] *bat she would never be able to beat the falcons that live in the tower of Falcon Manor.*
Good night, and please send me something to eat!
Love,
Verena

1 to expect: erwarten 2 proud: stolz 3 to break character: aus der Rolle fallen 4 dining hall: Speisesaal 5 without getting sick: ohne dass (mir, ihm, uns …) schlecht geworden wäre 6 favourite: Lieblings- 7 unfortunately: unglücklicherweise 8 to sign up for something: sich für etwas anmelden 9 to complain: sich beschweren 10 to share: (sich) teilen 11 to take somebody along: jemanden mitnehmen 12 fierce: kämpferisch

Exercise 6

Hauptsache Hauptwort! Bilde Nomen zu den folgenden Wörtern. Zum Beispiel: *meet – meeting*. Oft kann man übrigens mehrere Nomen aus einem Wort ableiten!

1. *angry* ____________________
2. *build* ____________________
3. *laugh* ____________________
4. *hunt*[13] ____________________
5. *think* ____________________

Wenn Claire nicht gewesen wäre, hätte Verena am nächsten Morgen verschlafen. Aber ihre neue Zimmergenossin rüttelte so lange an ihr herum, bis Verena schließlich doch aufstand. Allerdings murrte sie den ganzen Weg bis zum Waschraum, wo sie sich reichlich Wasser auf die verquollenen Augen schüttete, bevor sie die unvermeidliche Sonnenbrille aufsetzte. Gegen die Empfindlichkeit von Vampiraugen gab es leider noch keine Pille …

Claire trieb sie unerbittlich an.

„You don't want to miss[14] breakfast, do you?!", sagte sie und zerrte Verena zum Speisesaal. „We always have rolls[15] and jam for breakfast the first day. After that, it's porridge for the rest of the school year."

„Oh no, we certainly don't want to miss that", murmelte

13 to hunt: jagen 14 to miss: verpassen 15 roll: Brötchen

Verena angewidert. Wie gern hätte sie jetzt Spinnenbeinmüsli und einen heißen Blutshake gehabt!

Sie rannten den Flur entlang, aber trotzdem waren sie die Letzten im Speisesaal. Alle Augen richteten sich auf die beiden, als sie den Saal betraten. Claire wurde rot und blieb stehen, und Mary rief: „Look at Ms Know-It-All[16] and Ms Blind-As-A-Bat[17]. Aren't they cute[18]?"

„Keep your opinion[19] to yourself, Mary." Am Lehrertisch, der am anderen Ende des Saals stand, war eine junge Frau aufgestanden. Verena konnte sie gut erkennen, obwohl sie ihre Sonnenbrille trug und der Saal mindestens so lang war wie ein Flederballfeld. Außerdem war er durch das dunkle Holz, mit dem die Wände und auch die Decke getäfelt waren, sehr düster.

Die Frau schien kaum älter zu sein als die älteren Schülerinnen. Aber das war es nicht, was Verena irritierte. Sondern, dass die junge Frau mit den langen blonden Haaren ein langärmeliges Kleid trug. Und das, obwohl die sommerliche Hitze schon am frühen Morgen im Speisesaal zu spüren war.

Mary starrte Verena hasserfüllt an.

Claire zog sie zu einem Tisch, der weit entfernt war von Mary und ihren Freundinnen.

„Just try to ignore them", flüsterte sie Verena zu und begann erst Butter und dann herrlich blutrote Marmelade auf ihr Brötchen zu schaufeln.

Leider enthielt die Marmelade keinen Tropfen Blut, sondern nur Erdbeeren. Während Verena versuchte, das Menschenessen herunterzuwürgen und zugleich unauffällig ihre Eisen- und Allergietabletten zu schlucken, überlegte sie, was sie wegen Mary unternehmen sollte. Sie durfte keine Aufmerksamkeit auf sich

16 Know-It-All: Oberschlau 17 Blind-As-A-Bat: Blindfisch 18 cute: niedlich,süß 19 opinion: Meinung

ziehen, damit niemand erfuhr, was sie war, so viel war klar. Aber ohne irgendetwas dazugetan zu haben, hatte sie Marys Aufmerksamkeit längst erregt. So schwer es ihr fiel: Sie würde Claires Rat befolgen und Mary aus dem Weg gehen. Dann hatte die vielleicht schon bald keine Lust mehr, Verena zu ärgern.

Exercise 7

Falsh geschriben. In jedem der folgenden Sätze sind zwei Rechtschreibfehler versteckt. Findest du sie? Unterstreiche sie, und schreibe die entsprechenden Wörter noch einmal richtig auf.

1. *Just tri to egnore them.*

___

2. *We sertainly don't wont to miss that.*

___

3. *Aren'd they kute?*

___

Rundgang durch Falcon Manor

Exercise 8

Wörtersuche. Findest du in diesem Kapitel die englischen Entsprechungen zu den folgenden deutschen Wörtern?

Staub, Lieblings-, eindrucksvoll, jemand, Turm, Spinnen

Die ersten Schulstunden überstand Verena besser, als sie gedacht hatte. Die ganze Paukerei, auf der ihre Mutter als Vorbereitung für das Internat bestanden hatte, hatte tatsächlich etwas gebracht. In Biologie, das die junge Lehrerin unterrichtete, die sie beim Frühstück verteidigt hatte, und auch in Mathe kam Verena gut mit. In Geschichte war sie ihren Altersgenossinnen sogar um einiges voraus. Sie hielt sich aber trotzdem zurück, um nicht gleich wieder aufzufallen.

Nach dem Mittagessen führte Claire Verena in Falcon Manor herum.

„Well, when I first came here, I was most impressed[1] by the servants[2]", sagte Claire, als sie die Treppe zur Bibliothek hochstiegen. „I never thought that there could come a time when someone would clean my shoes!"

Verena verkniff sich die Bemerkung, dass sie noch nie im Leben hatte Schuhe putzen müssen, weil das bei ihr zu Hause immer Mrs Cunningham erledigte. Stattdessen sagte sie:

1 to impress: beeindrucken 2 servants: Hausangestellte

„I think, I like the tower most."

„Yuck[3]!", rief Claire. „But it's full of spiders and dust, and falcons!" Sie neigte sich verschwörerisch zu Verena hinüber. „Let alone[4] the vampires."

Verena starrte sie an, und Claire brach in Gelächter aus.

„You should see your face!", rief sie. „No, there are no vampires here as far as I know[5]. But there are stories about vampires who lived here at Falcon Manor in the past. And some say", sie zog eine gewaltige Holztür mit Schnitzereien auf, „that they're still among us[6]."

Claire betrat die gewaltige Bibliothek. Verena folgte ihr und überlegte fieberhaft an einer passenden Erwiderung. Dass es hier Vampirlegenden gab, hatte sie kalt erwischt. Aber eigentlich war es kein Wunder: Generationen von Vampiren hatten ihre Kinder hier eingeschleust, da hatte sicher der eine oder andere im Laufe der Zeit etwas Verräterisches gesagt oder getan.

„This room really is impressive", sagte sie schließlich. „Although there don't seem to be any vampires here."

Claire kicherte, schlug aber gleich darauf die Hand vor den Mund, als mehrere Schülerinnen die Störenfriede missbilligend ansahen.

Leise folgte Verena ihrer Freundin. Der riesige Raum – nein, es war eher eine Halle – war komplett mit dunklem Holz getäfelt. Die Wände waren bis zur Decke mit Bücherregalen bedeckt, an denen viele Meter hohe Leitern auf Schienen entlangfuhren, mit denen man auch an die obersten Reihen kam, die sich mindestens sechs Meter über dem Boden befanden. Lange Holztische, auf denen goldene Leselampen mit grünen Glasschirmen standen, füllten den Rest des Raumes aus, zusammen mit einigen Leseecken aus

3 yuck!: iih! 4 let alone: mal ganz abgesehen von 5 as far as I know: soviel ich weiß 6 among us: unter uns

gemütlichen Polstersesseln und einem langen Tisch, auf dem sich ein Computer an den anderen reihte.

EXERCISE 9

Wie spät? Übersetze die folgenden deutschen Zeitangaben ins Englische. Zum Beispiel: in drei Minuten → *in three minutes*.

1. *vor zwei Stunden*

   ____

2. *übermorgen*

   ____

3. *im Juli*

   ____

4. *nachts*

   ____

5. *am Sonntag*

   ____

Claire führte Verena zu einer Leseecke mit roten Polstersesseln und einem Tisch mit verschnörkelten grüngoldenen Beinen.

„This is my favourite place“, sagte Claire. Dann sah sie auf die schwarze Wanduhr, die über der Leseecke hing. „Oh no, I have to be at the stables[7] in three minutes! Sorry, Verena, see you later!“ Und schon war sie verschwunden.

Verena hatte noch eine halbe Stunde Zeit, bevor das Fußballtraining begann, für das die Schulleiterin sie eingeteilt hatte. Am liebsten wäre sie nach oben in den Turm geschlichen und wäre mit den Falken herumgeflogen. Aber das musste wohl noch warten.

Verena seufzte, dann setzte sie sich an einen der Computer und loggte sich ins Internet ein. Dort würde sie doch garantiert etwas über diesen Sport namens „football“ finden. Die Menschen schienen ja ganz verrückt danach zu sein.

7 stables: (Pferde-)Ställe

Extrem unsportlich

Als Verena am Fußballplatz ankam, war sie erleichtert. Die Regeln dieses seltsamen Spiels kannte sie nach zwanzig Minuten Recherche im Internet zwar noch nicht so richtig – aber das Spielfeld sah nicht viel anders aus als ein Flederballfeld. Es war nur größer, und die Tore befanden sich auf dem Boden statt in mehreren Metern Höhe in der Luft.

Exercise 10

Außenseiter. Eins der Wörter in jeder Reihe passt nicht zu den anderen. Findest du es?

1. *school*	*lesson*	*mice*
2. *hungry*	*green*	*thirsty*
3. *hand*	*year*	*minute*
4. *under*	*her*	*below*
5. *foul*	*red card*	*butterfly*

Rings um das Spielfeld standen vereinzelte Ulmen und Buchen, und dazwischen waren Holztribünen gebaut worden. An der Seitenlinie liefen etwa 20 Mädchen hin und her, die alle dasselbe trugen wie Verena: Shorts und T-Shirts in den grünen Schulfarben, an den Hosentaschen und an den Ärmeln der Shirts mit dem Schulwappen verziert: einem Falken, der mit strengem Blick in die Ferne blickt.

Verena lief zu ihnen hinüber und entdeckte zwischen den Mädchen Ms Clark, die junge Biologielehrerin.

„Ah, Verena, I'm so glad that you are strengthening[1] our football team! I'll be your trainer this school year."

Jemand in der Menge schnaubte verächtlich. Ms Clark hatte es ebenso gehört wie Verena, das sah sie an dem Blick der Lehrerin, aber sie ging nicht darauf ein. Verena hingegen blickte unauffällig zu der Seite, von der das Schnauben gekommen war – und fing den verächtlichen Blick von Mary auf! Die spielte also auch Fußball. So viel dazu, dass Verena ihr hatte aus dem Weg gehen wollen …

Zuerst dachte Verena, das Schnauben habe ihr gegolten. Doch schnell wurde ihr klar, dass Mary Ms Clark ebenfalls nicht leiden konnte. Bei jeder Trainingsübung maulte sie herum, dass Coach Mimsky das alles ganz anders gemacht habe, und als Ms Clark die Mädchen nach zwei schnell gelaufenen Runden aufforderte, eine Bahn tanzend und hüpfend zurückzulegen, weigerte Mary sich rundheraus.

Mit in die Hüfte gestemmten Händen stand sie vor Ms Clark. „You want us to dance like ballet dancers? What's the use of that stupid exercise[2]? We'd better do some dribbling practice or our opponents[3] will be laughing at us next Sunday!"

Ms Clark war blass geworden während Marys Rede. Jetzt kniff sie die Augen zusammen.

„Dribbling is very much like dancing, Mary, that's the purpose[4] of this exercise. But apart from that[5], you'd better watch your tongue[6]. I don't tolerate any rude[7] behaviour[8]."

1 to strengthen: verstärken 2 exercise: Übung 3 opponent: Gegner 4 purpose: Zweck 5 apart from that: abgesehen davon 6 to watch one's tongue: seine Zunge hüten, aufpassen, was man sagt 7 rude: unhöflich, unverschämt 8 behaviour: Verhalten

Mary lächelte verschlagen. „I'm really curious[9] what the Society for the Promotion[10] of Falcon Manor thinks about your methods. As my father has told me, they weren't too happy about the team losing the finals last year. Perhaps you don't know but he's the chairman[11] of the Society."

Verena kochte innerlich. Wie konnte man nur so ekelhaft zu einer so netten Lehrerin wie Ms Clark sein? Am liebsten hätte sie sich Mary unter den Arm geklemmt und wäre Loopings mit ihr geflogen, bis ihr kotzübel war!

Ms Clarks Lächeln wirkte dünn, aber sie riss sich zusammen. „I know a lot more that you think, Mary. Watch your tongue. – And now", sie wandte sich zu den anderen, die das Duell stumm verfolgt hatten, „let's stop talking and start playing!"

Exercise 11

***Present progressive.* Bilde die Verlaufsform der folgenden Verben, und setze sie in die Lücken ein. Zum Beispiel: *play* → *playing*.**

1. *Verena is ________________ (run) to get to the football pitch[12] in time.*
2. *Please stop ________________ (worry)!*
3. *He is ________________ (hope) to get a new bike.*
4. *We are ________________ (dance) in the hall.*

9 curious: neugierig, gespannt 10 Society for the Promotion: Förderkreis 11 chairman: Vorsitzender 12 football pitch: Fußballplatz

In der ersten Halbzeit hatte Verena genug damit zu tun, die Regeln des Spiels zu begreifen und gleichzeitig darauf zu achten, dass sie nicht zu schnell lief, zu kräftig schoss oder ihre Mitspielerinnen einfach überflog, statt um sie herum zu laufen.

Mary und ihre Freundinnen, das war offensichtlich, hatten sich vorgenommen, Verena zu quälen: Sie verspotteten sie, sobald sie einen Fehler machte, sie foulten sie, wann immer Ms Clark nicht hinsah, und die beiden, die in Verenas Mannschaft mitspielten, ignorierten sie schlichtweg und spielten ihr keinen einzigen Pass zu. Aber Verena biss die Zähne zusammen und erzielte zu Beginn der zweiten Halbzeit ihr erstes Tor.

Direkt nach dem Anstoß der anderen konnte Verena Mary den Ball abnehmen. Sie stürmte aufs gegnerische Tor zu, als plötzlich eine von Marys Freundinnen neben ihr auftauchte und ihr brutal in die Beine grätschte.

Mit einem Aufschrei fiel Verena zu Boden. Ms Clark lief auf sie zu, aber noch vor ihr war Mary bei ihr. Sie bückte sich zu Verena hinunter, raunte: „That'll teach you!" Und dann spuckte sie ihr ins Gesicht.

Verena griff so schnell nach Marys Nacken, dass sie völlig überrumpelt war. Es kostete Verena mehr Willensanstrengung, als sie je zuvor hatte aufbringen müssen, aber sie schaffte es, ihre Zähne verborgen zu halten.

„Stay away from me!", zischte sie Mary an. „You don't have the faintest idea[13] who you are dealing with[14]!"

Verena ließ zu, dass Mary sich aus ihrem Griff wand, und stand auf, im selben Moment, als Ms Clark die beiden erreichte.

„What's going on here?", wollte die Lehrerin wissen.

13 you don't have the faintest idea: du hast nicht die geringste Ahnung 14 who you are dealing with: mit wem du es zu tun hast

Exercise 12

Hilfreiche Wendungen. Kannst du die folgenden Wendungen, die im Englischen häufig verwendet werden, ins Deutsche übersetzen?

1. *What's going on here?*

   ____

2. *Are you serious (about that)?*

   ____

3. *I am with you on that.*

   ____

4. *No way!*

   ____

5. *Take it or leave it!*

   ____

„It's nothing", brachten sie gleichzeitig heraus.

Aber Verena wusste, dass das nur der Anfang gewesen war. Und dass sie zwar stärker war als Mary und über einige Fähigkeiten verfügte, von der ihre Feindin nicht einmal etwas ahnte – dass sie aber keine davon einsetzen durfte, wenn sie nicht auffliegen wollte. Zwar war es ihr allmählich völlig egal, wenn jedermann wusste, dass sie ein Vampir war. Doch sie hatte eine

Verpflichtung gegenüber all den anderen Vampiren auf der Welt. Nein, sie musste sich zusammenreißen, auch wenn es sie übermenschliche Kraft kostete.

Aber andererseits: Sie war ja auch kein Mensch!

„You'll soon be laughing on the other side of your face[15]", zischte Mary. Verena ließ sie einfach links liegen und rannte zu ihrer Mannschaft hinüber.

15 you'll soon be laughing on the other side of your face: dir wird das Lachen schon noch vergehen

Die Tutorin

Exercise 13

Nomen finden. Unterstreiche alle englischen Nomen in dem folgenden Brief.

Dear Vince, dear Mum, dear Dad,
This football game is quite cool. It's a bit like flederball without bats. And they play it much tougher[1]*. I guess that is because the worst that can happen*[2] *if you hurt someone is that she just falls over*[3]*. If we played flederball that tough we'd*[4] *constantly get severely*[5] *hurt, because we'd fall down several metres before hitting the ground.*[6]
Well, I try to behave inconspiciously[7]*, but it's not easy. I'm very glad to have Claire as a friend, she has helped me to adjust and stay cool.*
Tell Vicky that I met some of her relatives[8] *tonight when I visited the tower of Falcon Manor. They're quite shy*[9] *because they always have to hide from*[10] *the falcons.*
Please send me more iron supplement pills[11]*. Maybe you could send some bottles of blood as well? Disguised*[12] *as beetroot*[13] *juice?*
Love,
Verena

Bevor die ersten Sonnenstrahlen Falcon Manor erreichten, schlich Verena am nächsten Morgen schmutzig und außer Atem ins Zimmer.

1 tough: hart, rau 2 to happen: passieren, sich ereignen 3 to fall over: hinfallen 4 we'd: *Abkürzung für* we would 5 severely: ernsthaft 6 to hit the ground: den Boden berühren 7 inconspiciously: unauffällig 8 relatives: Verwandte 9 shy: schüchtern, scheu 10 to hide from someone: sich vor jemandem verstecken 11 iron supplement pills: Eisentabletten 12 to disguise: tarnen 13 beetroot: Rote Bete

Claire richtete sich auf und rieb sich verschlafen die Augen. Dann stutzte sie.

„Where the hell[14] have you been, Verena?!"

„Uh, well, I just … I woke up quite early and felt like[15] running."

Das war nur zum Teil geschwindelt. Verena war tatsächlich früh aufgewacht, weil ihr Schlafrhythmus immer noch ziemlich durcheinander war. Und sie hatte sich abreagieren müssen, weil sofort nach dem Aufwachen wieder die Wut auf Mary in ihr hochgestiegen war. Darum war sie auch laufen gegangen – im Wald, wo niemand mitbekam, dass sie schneller und ausdauernder rennen konnte als jeder Mensch. Aber dass sie voller Staub und Spinnweben war, lag daran, dass sie anschließend in den Turm hochgestiegen und mit den Falken um die Wette geflogen war.

„Must have been quite dirty where you went running." Claire runzelte die Stirn und zupfte Verena ein halbes Spinnennetz aus den Haaren.

Bevor Verena eine plausible Antwort eingefallen war, klopfte es an der Tür und ein rothaariges Mädchen trat ein.

„Hi, Samantha", begrüßte Claire sie. „Samantha is our prefect[16]", erklärte sie Verena.

Samantha nickte Verena zu. „Nice to meet you, Verena. I'd like to talk to you for a minute before breakfast, if you don't mind."

„See you in the dining hall", sagte Claire, schnappte sich ihre Schuluniform und ihren Kulturbeutel und lief aus dem Zimmer.

Samantha setzte sich neben Verena aufs Bett.

„Settled in[17] already?"

Verena zuckte die Achseln. Samantha lächelte.

14 where the hell: wo zum Teufel 15 to feel like doing something: Lust haben auf … 16 prefect: Vertrauensschüler/in 17 to settle in: sich einleben

EXERCISE 14

Ähnliche Wörter. Die folgenden englischen Wörter sehen sich ziemlich ähnlich, bedeuten aber etwas ganz anderes. Kannst du die Wörter übersetzen?

1. *quite* ____________________

   quiet ____________________

2. *its* ____________________

   it's ____________________

3. *were* ____________________

   we're ____________________

4. *break* ____________________

   brake ____________________

5. *wine* ____________________

   whine ____________________

„I remember when I first got here. I was intimidated[18] by this impressive castle, its tower, the enormous library and most of all by all these people I didn't know."

Aber du hattest wahrscheinlich nicht vom ersten Tag an eine Feindin, dachte Verena.

„Well, as Claire said, I'm your prefect and you can come and see me anytime you need help or advice or just someone to talk

18 intimidated: eingeschüchtert

to. But I'm not the only one who's here to help you." Sie stand auf und ging zur Tür. „Let me introduce you to your tutor!"

Mit einem Schwung öffnete sie die Tür, und herein kam, mit einem starren Lächeln auf dem Gesicht … Mary!

Strafarbeiten

Eine Tutorin, so hatte Samantha Verena erklärt, war eine ältere Schülerin, die ihr als persönliche Ansprechpartnerin zugeteilt war. Sie sollte ein Auge auf die jüngere Schülerin haben, ihr die Regeln des Internatslebens erklären und sie, wenn nötig, auch mal zurechtweisen.

Dass eine Tutorin die jüngere Schülerin dabei nach Herzenslust ärgern und quälen durfte, hatte Samantha nicht gesagt. Aber Tutorinnen hatten weitreichende Befugnisse – es war zum Beispiel üblich, dass ihre Schützlinge Botengänge und kleinere Arbeiten für sie verrichteten. Und es wurde gar nicht gern gesehen, wenn jemand sich über seine Tutorin beschwerte. Die Mädchen sollten lernen, Streitigkeiten unter sich zu regeln.

Allerdings hatte wohl auch noch nie eine Schülerin eine Tutorin gehabt, die sie so sehr gehasst hatte, wie Mary Verena hasste.

Kaum war Samantha gegangen, hatte Mary Verena ein dickes Buch in die Hand gedrückt.

„The school rules[1]“, sagte sie gehässig. „Learn them by heart[2], and learn them quickly. If you violate[3] one of them, I'll be there and punish[4] you. That's my privilege[5] and my duty[6]. So you better stick to the rules[7].“

Verenas Muskeln verkrampften sich. Sie schluckte.

Mary lächelte giftig. „By the way,[8] I volunteered[9] to be your tutor. Samantha was quite surprised[10] because I've never been

1 rules: Richtlinien, Regeln 2 by heart: auswendig 3 to violate: verletzen, missachten, übertreten 4 to punish: bestrafen 5 privilege: (Vor-)Recht 6 duty: Pflicht 7 to stick to the rules: sich an die Regeln halten 8 by the way: ach ja, nebenbei gesagt 9 to volunteer: sich freiwillig melden 10 surprised: überrascht

a tutor before. But I'd do anything to help you adjust, since you seem to need a lot of help."

Exercise 15

Adverben bilden. Kannst du zu den folgenden Adjektiven Adverbien bilden? Zum Beispiel: *nice* → *nicely*.

1. *quick* ________________
2. *dangerous* ________________
3. *careful* ________________
4. *terrible* ________________
5. *full* ________________

Sie stand auf.

„And now, get ready for breakfast. If I don't see you in the dining hall in, say[11], three minutes, I'll condemn[12] you to a punishment[13], even though I would regret that terribly."

„But that's impossible!", rief Verena. „I have to take a shower and ..."

Marys brauner Zopf schwang herum, als sie zur Tür hinausging.

„Well, that's not my problem now, is it?"

Natürlich schaffte Verena es nicht, in drei Minuten im Speisesaal zu sein. Und natürlich war dafür prompt die erste Strafe

11 say: *hier*: sagen wir mal 12 to condemn: verurteilen 13 punishment: Strafarbeit

fällig: Verena musste nach dem Frühstück eine Stunde lang in der Küche beim Abwaschen helfen. Das einzig Gute daran war, dass sie dabei die Küchenchefin kennenlernte, Ms Bridges, eine freundliche rundliche Frau, die Verena nach dem Abwasch einen Extrasnack anbot. Zwar war sie überrascht, dass Verena keine Kekse, sondern lieber rote Bete und Gehacktes haben wollte. Aber als sie sah, mit welchem Heißhunger Verena alles verschlang, versprach sie, in Zukunft immer etwas rote Bete und manchmal auch Gehacktes für sie zurückzulegen.

Exercise 16

Falsche Freunde. Das englische Wort *art* sieht aus wie das deutsche Wort *Art*, bedeutet aber etwas ganz anderes, nämlich *Kunst*. Kannst du die folgenden „Falschen Freunde" übersetzen?

1. *brief* ________________ *Brief* ________________
2. *where* ________________ *wer* ________________
3. *notice* ________________ *Notiz* ________________
4. *also* ________________ *also* ________________
5. *kitchen* ________________ *Kittchen* ________________

Frisch gestärkt, hetzte Verena zur ersten Schulstunde, zu der sie nur eine Minute zu spät kam. Mr Brimson akzeptierte ihre Entschuldigung, aber wie sich herausstellte, war Mary nicht dazu bereit.

„So you were late[14] for your geography lesson?", sagte sie genüsslich, als sie Verena in der ersten Pause auf dem Weg zum Schulhof abfing.

„Yes, because you ordered me to help in the kitchen!", rief Verena wütend.

Zwei Mädchen, die gerade an ihnen vorbeigingen, starrten Verena an. Als sie zurückstarrte, liefen sie tuschelnd auf den Schulhof.

„First", sagte Mary grinsend und hielt einen Finger hoch, „being late. Secondly", der zweite Finger, „frightening other pupils, and thirdly", der nächste Finger, „contradicting[15] your tutor." Sie ließ die Hand sinken und schüttelte den Kopf in gespieltem Bedauern. „I'm afraid,[16] that's too much to be ignored even by a well-meaning[17] tutor like me." Sie sah Verena verächtlich an. „So here's your punishment: After school you'll clean the floor in our bathroom with a toothbrush[18]. Since that'll take some time, you neither will be able to have lunch nor to attend[19] football training at two o'clock. I'll tell Ms Clark that you can't make it[20]. And of course I'm going to send someone to watch you while you clean the floor. – Have a nice day, then!"

Wenn Mary nicht so schnell zur Tür hinaus gewesen wäre, hätte Verena sich wohl auf sie gestürzt. So stand sie nur da, zitternd vor Wut, als Samantha vorbeikam.

„Verena, what has happened?", fragte sie bestürzt.

Verena überlegte, Samantha zu erzählen, wie Mary sie trietzte – aber nur kurz. Nein, es hatte keinen Zweck, sich über Mary zu beschweren. Ihre Tutorin würde immer einen Weg finden, ihr das Leben schwer zu machen, auch wenn sie deswegen selbst Ärger bekam. Verena musste das allein regeln. Sie hatte zwar

14 to be late: sich verspäten 15 to contradict: widersprechen 16 I'm afraid: ich fürchte 17 well-meaning: wohlmeinend 18 toothbrush: Zahnbürste 19 to attend something: bei etwas anwesend sein 20 to make it: es schaffen

noch keine Ahnung, was sie tun konnte, aber eins wusste sie: Sie würde Marys Schikanen keinen Tag länger durchhalten, ohne die Fassung zu verlieren. Und das durfte auf keinen Fall geschehen. Wenn sie die Fassung verlor, wuchsen ihre Zähne und ihr ganzer Körper verwandelte sich, bis für jeden offensichtlich wurde, dass sie ein Vampir war.

Es war ein Teufelskreis. Was sollte sie nur tun? Wie konnte sie Mary besiegen, ohne sich zu verraten?

Exercise 17

Satzsalat. Die Wörter in den folgenden Sätzen sind völlig durcheinandergeraten. Kannst du sie wieder in die richtige Reihenfolge bringen?

1. *were your lesson for you late*

   ____

2. *you make Ms can't I'll that it tell Clark*

   ____

3. *floor bathroom toothbrush clean a you'll our in the with*

   ____

4. *nice day a have*

   ____

Nun, nach dem Unterricht würde sie genug Zeit zum Nachdenken haben.

Es klingelte. Die Pause war zu Ende.

„I'm fine[21]", sagte Verena zu Samantha, dann ließ sie die überraschte Vertrauensschülerin stehen und lief zurück in ihren Klassenraum.

21 I'm fine: mir geht es gut

Turbo-Schrubben

Ein Vampir kann sich schneller und ausdauernder bewegen als ein Mensch, das ist einer seiner Vorteile. Und das machte Verena sich zunutze, als sie nach dem Unterricht in den Waschraum kam. Mary hatte angekündigt, dass sie eine ihrer Freundinnen vorbeischicken würde, um Verenas Arbeit zu überwachen. Aber noch war niemand dort.

Sie hatte zwei Zahnbürsten mitgebracht und tauchte sie nun gleichzeitig in den Putzmitteleimer. Als sie sie wieder herauszog und hochhielt, kam sie sich vor wie einer der Revolverhelden aus den alten Menschenwestern, die ihr Dad so gern sah.

„Well, tiles[1], you'd better watch out.[2] Verena the dirt terminator is back in town!"

Sie schwenkte die Zahnbürsten und blickte verwegen durch ihre Sonnenbrille, aber die Fliesen wirkten unbeeindruckt. Verena ließ sich auf die Knie nieder.

„Take this, and that, and that!", rief sie. Hoffentlich hörte sie niemand. Aber sollte jetzt jemand vorbeikommen, wäre das wohl ihr geringstes Problem.

Noch einmal sah sie sich um und scannte mit ihrem feinen Gehör auch die Gänge rund um den Waschraum. Dann schrubbte sie die Fliesen und die Fugen dazwischen so schnell, dass ein Betrachter ihre Bewegungen nur noch verschwommen hätte wahrnehmen können.

Während sie schrubbte, als gäbe es dafür eine olympische Goldmedaille, nahm allmählich ein Plan in ihrem Kopf Gestalt an.

1 tiles: Fliesen 2 to watch out: aufpassen

Und als eine Viertelstunde später das pummelige Mädchen hereinkam, das Verena bei ihrer Ankunft so grob angefasst hatte, wusste sie, was sie tun musste, um Mary ein für alle Mal den Wind aus den Segeln zu nehmen.

Exercise 18

Nein! Antworte auf die folgenden Fragen, indem du sie verneinst. Zum Beispiel: *Have you seen him yet?* → *No, I haven't seen him yet.*

1. *Didn't I tell you to leave me alone?*

   ____

2. *Can you translate this sentence?*

   ____

3. *Have you found my notebook?*

   ____

4. *Has she gone crazy?*

   ____

Marys Freundin stand fassungslos da und starrte auf den Fußboden des Waschraums, der blitzte und blinkte. Sie konnte nicht den kleinsten Schmutzfleck mehr finden, so sehr sie sich auch bemühte. Darum blieb ihr nichts anderes übrig, als Verena gehen zu lassen.

Verena rannte auf ihr Zimmer, zog ihr Sportzeug über, lief in die Küche, um sich bei Mrs Bridges eine kleine Stärkung als Ersatz für das ausgefallene Mittagessen zu holen, und hastete dann weiter zum Sportplatz, wo sie pünktlich um zwei Uhr ankam.

Sofort war Mary neben ihr.

„Didn't I tell you to scrub the floor in our bathroom?"

Verena lächelte und deutete zum anderen Ende des Sportplatzes, wo jetzt das pummelige Mädchen auftauchte.

„It's all clean, just ask your friend", sagte Verena. „And now, let's stop talking and start playing!"

Ein denkwürdiges Fussballspiel

Obwohl es nur ein Trainingsspiel war, sollte man auf Falcon Manor noch lange von diesem Fußballspiel sprechen.

Es begann unspektakulär, wenn man einmal davon absah, dass Mary und ihre Freundinnen alles taten, um Verena auszuschalten. Aber Verena parierte alle Foulversuche. Einige Mitspielerinnen sagten nachher, sie hätten noch nie jemanden gesehen, der so geschickt im Ausweichen war. Dabei hielt Verena sich eisern zurück. Sie achtete darauf, immer nur genau so schnell auszuweichen, dass ihre Gegnerin sie knapp verfehlte, und verkniff sich jede zu auffällige Aktion.

Verenas Mannschaft lag schnell in Führung, und Verena entging nicht, wie sehr Mary das ärgerte. Als sie das nächste Mal an der Mittellinie nach einem Tor auf den Anpfiff warteten, sagte Mary:

„It just came to my mind that I didn't punish you for frightening the girls in the hallway[1]." Sie schlug sich vor die Stirn. „I'm such a[2] scatterbrain[3]! Well, go and study the rules and write an essay about the ten most important rules and what they mean to you. I need it by dinner time, so you'd better get to it right away."

Verena grinste. „Give me just five more minutes, will you?"

Bevor Mary antworten konnte, ertönte der Pfiff. Verena schnappte sich den Ball, und dann begann der Teil des Spiels, über den man noch lange reden sollte.

Verena dribbelte und umrundete Mary. Sie dribbelte weiter, umrundete Mary noch einmal. Mary schnaubte und stürzte

1 hallway: Flur 2 such a: so ein 3 scatterbrain: Schussel

sich auf den Ball. Aber immer, wenn sie ihn fast mit dem Fuß berühren konnte, zog Verena sich wieder ein paar Zentimeter zurück, bevor sie Mary erneut umtänzelte.

Exercise 19

Fragen. Im Englischen werden Fragen oft mit einer „Mini-Frage" beendet, dem *question tag*. Zum Beispiel: *You haven't told her yet, have you?* Bilde Fragen mit *question tags* aus den folgenden Aussagen.

1. *Give me just another five minutes,* ____________________?
2. *She's such a scatterbrain,* ____________________?
3. *He will come tomorrow,* ____________________?
4. *They can dance all night,* ____________________?

Je länger das dauerte, desto wütender wurde Mary – und desto lauter wurden die Lacher der anderen Spielerinnen, die nach und nach ihre Positionen verließen, um sich das Schauspiel aus der Nähe anzusehen. Nach kurzer Zeit war Mary knallrot angelaufen. Sie trat nun blindlings nach Verena, aber ohne Erfolg. Je mehr die anderen Spielerinnen lachten – einige kreischten sogar vor Vergnügen –, desto verbissener kämpfte Mary. Aber sie hatte nicht die geringste Chance.

Ms Clark hatte eigentlich keinen Grund zum Eingreifen, weil Verena keine Spielregel verletzte. Aber nachdem das Katz-und-Maus-Spiel schon mehrere Minuten gedauert hatte, hatte sie ein

Einsehen und beendete den ungleichen Kampf, indem sie zu Verena lief und sagte:

„Verena, I think your team mates[4] would appreciate[5] it if they could take part in[6] the game as well."

„Oh sure, I was completely lost in thought[7]." Verena grinste und spielte den Ball zu Jean aus ihrem Team, die prompt ein Tor schoss.

Nach dem Abpfiff lief Verena an Mary vorbei zu den Duschen.

„I like this football game, don't you?", sagte sie.

Marys Blick sprach Bände: Verena hatte eine Feindin fürs Leben gewonnen.

Verena beschlich ein ungutes Gefühl. Sicher, sie hatte das Richtige getan und Mary klargemacht, dass sie ihr nichts anhaben konnte. Denn sonst hätte Mary wohl nie aufgehört, sie zu piesacken. Doch die lachenden und tuschelnden Spielerinnen um sie herum zeigten Verena, dass sie durch diese Aktion mehr als nur ein wenig Aufmerksamkeit auf sich gezogen hatte.

Aber allein schon für Marys verkniffene Miene, als sie die Lacher hinter ihrem Rücken hörte, hatte es sich gelohnt.

4 team mates: MitspielerInnen 5 to appreciate: schätzen 6 to take part in: teilnehmen an 7 to be lost in thought: in Gedanken versunken sein

Verschwunden

Exercise 20

Pronomen finden. Unterstreiche alle englischen Pronomen wie z.B. *we, his, who* auf dieser Seite.

„You did what?!“

Verena und Claire zogen sich zum Abendessen um, und Verena erzählte ihrer Freundin ausführlich von den Ereignissen auf dem Fußballfeld.

„You showed her up[1] in front of everybody?!“, hakte Claire nach.

Verena versuchte gerade herauszufinden, wie man Kniestrümpfe richtig anzog, aber als sie Claires eindringlichen Tonfall wahrnahm, sah sie auf.

„It wasn't too smart[2], I know that“, erwiderte sie. „Either[3] Mary will stop attacking me now …“

“… or she'll do anyting to hurt you[4] real bad“, ergänzte Claire düster.

Verena nickte. Das war ihr inzwischen auch klar geworden. Aber …

„I'm not afraid of her. She cannot hurt me any more.“

„But she'll try. And know what[5]?“ Claire sah Verena ernst an. „I do understand her. What would you do if someone made you look like a fool[6] like that?“

1 to show someone up: jemanden vorführen 2 smart: klug 3 either … or: entweder … oder 4 to hurt someone: jemanden verletzen 5 know what?: weißt du was? 6 fool: Narr, Idiot

Ja, das hatte Verenas hartnäckige innere Stimme ihr auch schon vorgehalten. Sie hatte diese Stimme bislang erfolgreich verdrängt, aber dank Claire war sie nun wieder da. Verdammt!

„Maybe you should apologise[7] to Mary“, schlug Claire vor.

„You can't be serious about that!“, rief Verena so laut, dass Claire zusammenzuckte. „Mary has done everything she could to torture[8] me, and …“

“… and you have paid her back for it[9]“, sagte Claire. „Maybe it's about time to end this war before something really nasty[10] happens.“

Ja, vielleicht hatte Claire recht.

Exercise 21

Buchstabensalat. In den folgenden englischen Wörtern zum Thema „Bibliothek“ sind die Buchstaben völlig durcheinandergeraten. Kannst du sie wieder in die richtige Reihenfolge bringen und übersetzen?

1. *adre* ____________ *übersetzt:* ____________
2. *clinees* ____________ *übersetzt:* ____________
3. *kobos* ____________ *übersetzt:* ____________
4. *byralir* ____________ *übersetzt:* ____________
5. *slevehs* ____________ *übersetzt:* ____________

7 to apologise: sich entschuldigen 8 to torture someone: jemanden quälen 9 you have paid her back for it: du hast es ihr heimgezahlt 10 nasty: schlimm, gemein

Verena versprach ihrer Freundin, darüber nachzudenken. Claire verabschiedete sich bis zum Abendessen und ging wie jeden Nachmittag zu den Ställen, wo sie beim Ausmisten der Boxen und beim Striegeln der Pferde half.

Verena verbrachte den Nachmittag in der Bibliothek. Sie hatte nicht vor, das Essay für Mary zu schreiben, aber auch so gab es genug zu tun. Vor allem in Physik hatte sie einiges nachzuholen, und so verging die Zeit wie im Flug. Erst als die Glocke im Turm zum Abendessen rief, sah Verena wieder von ihren Büchern auf. Während sie zum Speisesaal ging, wurde ihr klar, dass Mary sie seit dem Fußballspiel in Ruhe gelassen hatte. Vielleicht hatte sie ja endlich begriffen, dass sie es nicht mit Verena aufnehmen konnte!

Beim Essen saß Verena zunächst allein an ihrem Tisch, weil Claire noch nicht da war. Aber kurz darauf hatte sich der größte Teil von Verenas Fußballmannschaft zu ihr gesetzt.

„Well, it was about time someone put Mary in her place[11]“, sagte Susan, ein zierliches Mädchen mit schwarzen Locken. „Let's hope she has learned not to pester[12] the younger girls any more.“

Die anderen nickten zustimmend, aber Verena stocherte nur in ihrem Essen und fragte sich, wo Mary steckte. Sie saß nicht an ihrem Platz. Schämte sie sich etwa? Oder heckte sie etwas aus?

In diesem Augenblick ging die Tür auf und Mary kam herein. Ihr Pullover hatte einen Riss am Ärmel, aber ihre Augen blitzten. Bevor sie sich zu ihren Freundinnen setzte, warf sie Verena einen triumphierenden Blick zu.

Doch erst als Verena nach dem Essen in ihr Zimmer kam, begann sie zu ahnen, was dieser Blick bedeutete. Denn Claire,

11 to put someone in his/her place: jemanden in seine Schranken weisen 12 to pester: piesacken, triezen

die zum Abendessen nicht erschienen war, befand sich nicht auf ihrem Zimmer, und es lag auch keine Nachricht von ihr auf dem Tisch.

Verena rannte zu den Ställen, und dort erfuhr sie, dass Claire schon vor Stunden von dort weggegangen war, nachdem sie einen Anruf bekommen hatte.

„Sorry, but I have no idea who called her", sagte der Stallmeister bedauernd.

Aber ich, dachte Verena.

Wenn Mary Claire etwas angetan hatte …

Verena rannte zurück in das Haus.

EXERCISE 22

Fragen. Setze die passenden Fragewörter in den folgenden Sätzen ein: *where, why, who, when, how*. Zum Beispiel:

____________ are you going? → Where are you going?

1. ____________ *ate all the chicken pie?*
2. ____________ *have you been all day long?*
3. ____________ *are you?*
4. ____________ *didn't you tell me about your problems with him?*
5. ____________ *did she call? Today or yesterday evening?*

Verenas Verdacht

Ms Iddleton, die Schulleiterin, reagierte sofort, als Verena ihr von Claires Verschwinden berichtete. Die Glocke wurde geläutet, und die gesamte Schule versammelte sich in der Aula, wo Ms Iddleton an einem Pult auf der Bühne stand und per Mikrofon ihre Befragung durchführte. Der Stallmeister war offenbar tatsächlich der Letzte, der Claire gesehen hatte.

„We can't afford[1] to lose any more time", sagte Ms Iddleton bestimmt. „I'm going to call the police."

Im Saal wurde es laut, und eine Schülerin begann zu weinen.

Exercise 23

Nie allein. Die folgenden Wörter gibt es im Englischen nur im Plural, nie im Singular. Finde die deutsch-englischen Paare, und verbinde sie mit einem Strich.

pyjamas	*Treppe*
glasses	*Kleidung*
stairs	*Schere*
goods	*Brille*
scissors	*Schlafanzug*
clothes	*Güter, Waren*

1 we can't afford: wir können es uns nicht leisten

„I'm convinced[2] that Claire is all right!", rief Ms Iddleton in den Tumult hinein. „And now I want every single one of you to go to her room right away. Stay there! I don't want to lose another pupil tonight! We'll ring the bell as soon as there is any news. That will be the signal for everyone to come back here. And now, off to your rooms!"

Verena machte sich, wie alle anderen auch, auf den Weg zu ihrem Zimmer. Aber im Gegensatz zu den anderen Mädchen würde sie die Ungewissheit dort allein ertragen müssen.

Langsam stieg sie die Treppe hinauf, während um sie herum alle redeten. Plötzlich erregte ein Flüstern ihre Aufmerksamkeit. Das war Beth, die pummelige Freundin von Mary! Unauffällig richtete Verena ihre Ohren aus.

Beth hatte dem Mädchen, das in der Aula geweint hatte, den Arm um die Schulter gelegt.

„Don't worry, Jane", flüsterte sie ihr zu, „I'm convinced that Claire is all right."

„But what if Mary has hurt her?", fragte Jane schluchzend.

Beth ließ ihren Arm sinken und sah Jane stirnrunzelnd an. „You can't possibly think that Mary has anything to do with it!", sagte sie laut. Dann sah sie sich schnell um, ob jemand sie gehört hatte. Verena drückte sich hinter eine Marmorsäule.

„But Mary has become so mean lately[3] …", murmelte Jane.

„I know", stimmte Beth ihr zu. „But don't forget that she's having a tough time right now, with her parents battling over custody[4] for her and her brother. But she wouldn't kidnap Claire, don't you think? She couldn't care less about her."

2 convinced: überzeugt 3 lately: in letzter Zeit 4 to battle over custody: um das Sorgerecht kämpfen

Jane zog energisch die Nase hoch. „You're right, it was a stupid idea."

Verena sah den beiden nach, als sie die Treppe hinaufstiegen.

Dass sich Marys Eltern scheiden ließen und um das Sorgerecht für ihre Kinder kämpften, musste schlimm für Mary sein. Es erklärte vielleicht auch bis zu einem gewissen Grad ihre Gemeinheiten, soweit war Verena mit Beth und Jane einer Meinung. Aber im Gegensatz zu den beiden traute Verena Mary auch eine Entführung zu. Doch warum die unscheinbare Claire, die sich nie mit Mary gestritten hatte?

Als Verena die Antwort einfiel, wurde ihr flau im Magen. Weil Claire Verenas Freundin war. Und weil Mary nach dem Fußballspiel klar war, dass sie nicht direkt an Verena herankam.

Exercise 24

Wahr oder falsch? Eine der folgenden Aussagen ist falsch. Findest du heraus, welche?

1. *Jane fears that Mary might have hurt Claire.*
2. *Ms Iddleton sends everybody to the library.*
3. *When Claire vanishes, Ms Iddleton calls the police.*
4. *Verena goes looking for Claire.*

Sirenen ertönten, Kies knirschte unter den Reifen mehrerer Polizeiwagen, Blaulichter warfen ihr flackerndes Licht durch die hohen Fenster von Falcon Manor, und der Lehrer Mr Brimson scheuchte die letzten Schülerinnen auf ihre Zimmer, damit die Polizei unbehelligt ihre Arbeit tun konnte.

Verena ließ sich in ihrem leeren Zimmer auf das Bett fallen, sprang aber gleich wieder auf.

Nein, sie konnte nicht untätig herumsitzen, solange sie nicht wusste, wo Claire war. Die Polizei tat sicher ihr Bestes – aber sie wussten nicht, wozu Mary fähig war, und sie würden Verena kaum glauben, wenn sie ihnen davon erzählte.

Außerdem hatte ein Vampir ganz andere Möglichkeiten als ein menschlicher Polizist.

In den Tiefen von Falcon Manor

Verena schlich durch die verlassenen Gänge. Ihr feines Gehör warnte sie rechtzeitig, wenn Menschen in der Nähe waren, und es half ihr zudem, über die Ermittlungen auf dem Laufenden zu bleiben.

Die Polizisten hatten die Stallungen abgesucht und nahmen sich nun eine Etage nach der anderen vor. Zuerst durchsuchten sie die bewohnten Stockwerke. Aber wenn Mary wirklich etwas mit Claires Verschwinden zu tun hatte, dann hatte sie sie sicher nicht dort eingesperrt, wo viel Betrieb herrschte, sondern oben im Turm oder unten im Keller. Und genau dort würde Verena suchen.

Sie hoffte, dass es nicht der Turm war, vor dem Claire sich so sehr ekelte. Gerade deshalb suchte sie aber zuerst dort.

Sie lief die vier Stockwerke hoch, versteckte sich hinter schweren Vorhängen und auch einmal hinter einer Ritterrüstung, wenn Polizisten oder eine der Lehrerinnen vorbeikamen, und erreichte unbemerkt den Aufgang zum Turm.

Der Turm wurde auch als Abstellraum genutzt, vor allem für Möbel, die vorübergehend ausgemustert worden waren. Verena sah sich ein letztes Mal um und verwandelte sich dann vollends in ihre Vampirgestalt. Nur so erreichte sie die optimale Schärfe aller Sinne, das Maximum an Kraft – und nur dann bildeten sich die Schwingen an ihren Armen, mit denen sie fliegen konnte.

Verena hob einen Kleiderschrank hoch, als wäre er aus Pappe, und schob ihn vor die Tür. Jetzt konnte sie niemand mehr stören. Sie breitete ihre Schwingen aus und erhob sich in die Luft.

Keine fünf Minuten später hatte sie den gesamten Turm durchstöbert. Aber abgesehen von Falken, Mäusen, Spinnen, Möbeln und alten Farbeimern fand sie nichts. Nicht die geringste Spur von Claire.

Na gut, es gab ja noch die Kellerräume.

Verena beschloss, den kurzen Weg zu nehmen. Claire war nun schon so lange verschwunden, da wollte sie keine Zeit verschwenden …

Exercise 25

Kreuzworträtsel. Übersetze die folgenden Wörter zum Thema „Turm“, und setze sie in das Kreuzworträtsel ein. Das Lösungswort sagt dir, wem du in einem Turm begegnen kannst.

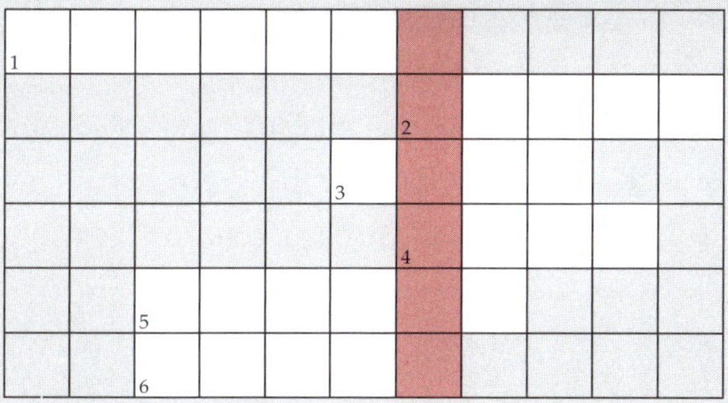

1. Falken, 2. Panik, 3. Mäuse, 4. Staub, 5. Spinnennetz, 6. Turm

Lösungswort: ____________________

Sie spähte aus einem der Turmfenster. Niemand in Sichtweite. Gut. Wenn sie niemanden sah, dann konnten die Menschen mit ihrer schlechten Nachtsicht sie erst recht nicht sehen.

Verena schwang erst ein Bein aus dem Fenster, dann das andere, dann stieß sie sich ab und ließ sich wie ein Stein in die Tiefe fallen, bevor sie kurz über dem Boden die Schwingen ausbreitete und zielgenau, aber härter als geplant landete. Mit wenigen Schritten war sie bei der Kellertür, die sie vom Turm aus ins Visier genommen hatte.

Abgeschlossen. Vorsichtig hob Verena die wuchtige Tür aus den Angeln und legte sie dann sanft im Gras ab. Denn wie hatte Dad ihr schon eingebläut, als sie noch ein kleiner, übermütiger Vampir gewesen war: „Wir sind Vampire, aber keine Vandalen, auch wenn beides mit V anfängt!“

Kaum hatte Verena den Keller betreten, als ihr ein Sammelsurium von Gerüchen entgegenschlug. Moder, Schimmel, Rattenkot … Und ganz schwach mittendrin: Claire!

Verena rannte los, immer der Geruchsspur nach, stöberte Mäuse, Ratten und eine Katze auf, die hier unten auf der Jagd war. Claires Geruch wurde stärker. Er kam aus einem Raum, der mit einem Vorhängeschloss versperrt war. Diesmal ignorierte Verena das Gebot ihres Vaters: Mit eine Ruck riss sie die Holztür aus den Angeln. Und dahinter war Claire. Verena konnte sie genau erkennen, obwohl in dem Raum kein Licht brannte.

Claire saß auf einem rostigen Bettgestell und blinzelte Verena entgegen.

„Mary?“, flüsterte sie. Dann gewöhnten sich ihre Augen allmählich an die Helligkeit, und Verena sah, wie Claire zurückwich, als sie auf sie zulief.

„Is that … is that you, Verena?!“

Mist! Verena verwandelte sich zurück, so schnell sie konnte, aber noch bevor sie bei Claire war, fiel ihre Freundin in Ohnmacht. Verena nahm Claire auf ihre Arme und rannte los.

Enthüllungen im Krankenzimmer

Verena hatte die Krankenstation fast erreicht, als Beth ihr vor die Füße lief. Sie war offenbar heimlich in der Küche gewesen, denn als sie Verena sah, versteckte sie eine Hand hinter dem Rücken. Verena konnte den Gewürzkuchen trotzdem riechen.

„Open the door!“, rief sie.

Nach einer Schrecksekunde riss Beth die Tür zur Krankenstation auf.

„Is that Claire?“

„Of course it is. Use your eyes!“, sagte Verena. Erst da merkte sie, dass Beth nicht Claire anstarrte, sondern sie. Schnell überprüfte sie ihre Zähne. Alles okay. Was hatte Beth bloß?

„Put her there! But be careful[1]!“ Die Schulkrankenschwester winkte Verena, damit sie Claire sanft auf eins der vier Betten legte. Sie waren durch weiße Vorhänge voneinander getrennt und vor den Blicken der Besucher geschützt.

Sofort begann die Schwester sich um Claire zu kümmern. Sie sah kurz hoch, aber Verenas Blick musste ihr wohl gesagt haben, dass sie keinen Millimeter von Claires Seite weichen würde, bis sie wusste, was mit ihr los war.

„All right, you might stay here with your friend“, sagte die Schwester, dann winkte sie energisch Beth zu, die immer noch wie erstarrt in der Tür stand.

„Go and tell Ms Iddleton that Claire is here. Quick!“

Beth ließ den Kuchen fallen und lief los.

Die Schwester begann Claire zu untersuchen.

1 careful: vorsichtig, sorgfältig

Exercise 26

Adjektive steigern. Setze die fehlenden Steigerungsformen der Adjektive ein. Zum Beispiel: ***good – better – best.***

low		lowest
	meaner	
		largest
little	less	
common		

„She's got a normal pulse, her blood pressure[2] is okay, but her temperature is too low …" Sie wandte sich an Verena. „Where did you find her?"

„Down in the cellar", stieß Verena hervor.

„And you carried her all the way up here?" Die Schwester schüttelte ungläubig den Kopf. „Well, under exceptional circumstances[3] people can develop colossal[4] strength, if they have to, I guess[5]."

In diesem Moment schlug Claire die Augen auf. Verena war furchtbar erleichtert. Doch Claire runzelte die Stirn, und Verena fuhr der Schreck in die Glieder: Was hatte Claire mitbekommen, unten im Keller? Hatte sie Verenas wahre Gestalt gesehen? Dann würde sie sicher gleich anfangen zu schreien …

Aber dann lächelte Claire und streckte eine Hand nach Verena aus.

„Thank you for saving me[6]", flüsterte sie.

2 blood pressure: Blutdruck 3 exceptional circumstances: außergewöhnliche Umstände 4 colossal: enorm 5 to guess: denken, annehmen, vermuten 6 to save someone: jemanden retten

Verena beugte sich herunter, bis sie fast die Schweißtropfen auf Claires Gesicht berührte.

„It was Mary, wasn't it?", knurrte sie.

Claire sah ihr ernst in die Augen.

„I want to take care of it myself", sagte sie fest. „Don't tell anybody. Promise[7]!"

Verena wollte widersprechen, aber in diesem Augenblick hastete die Schulleiterin ins Krankenzimmer, setzte sich an Claires Bett und musterte sie besorgt.

„Nurse[8], how is she?"[9]

„Mild hypothermia[10], but she has to stay for observation[11] for a while."

Ms Iddleton nickte.

„I'm really glad to hear that", sagte sie, drückte kurz Claires Hand und stand auf.

„I'm sorry, but I have to go now. It's a nightmare[12]! First, Claire gets lost, and now we're missing Mary!"

7 to promise: versprechen 8 nurse: (Kranken-)Schwester 9 how is she?: wie geht es ihr? 10 mild hypothermia: leichte Unterkühlung 11 for observation: zur Beobachtung 12 nightmare: Albtraum

Spekulationen

Exercise 27

Adjektive finden. Unterstreiche alle englischen Adjektive im folgenden Brief.

Dear Mum, dear Dad, dear Vince,
Why didn't you tell me that humans are so different from us and so difficult to understand?
I always thought that they are just weaker[1] *than us, that they cannot fly and have very poor senses*[2]*. But their strange behaviour puzzles*[3] *me more and more each day. I told you about that mean girl, Mary, didn't I? She kidnapped my friend Claire last night and after that she vanished*[4] *herself! Strange, isn't it?*
At least[5] *Claire is safe*[6] *now, although*[7] *she has to stay in the sick room*[8] *for a few more days. But she doesn't want to tell Ms Iddleton that it was Mary who had kidnapped her. That's also strange, don't you think?*
Well, you sent me here to learn about human beings and I can tell you: I'm learning a lot! Maybe I'll even be able to understand what it all means someday …
I have already finished the blood coke I brought along[9]*. Please send more!*
Love,
Verena

1 weak: schwach 2 senses: Sinne 3 to puzzle: verwirren 4 to vanish: verschwinden 5 at least: wenigstens, zumindest 6 safe: sicher 7 although: obwohl 8 sick room: Krankenabteilung 9 to bring along: mitbringen

Die Lehrer bemühten sich, den Unterricht wie gewohnt abzuhalten, und nach wie vor achtete man eisern darauf, dass der übliche Tagesablauf eingehalten wurde. Aber immer und überall war trotzdem zu merken, dass auf Falcon Manor der Ausnahmezustand herrschte.

Claire hatte Ms Iddleton gegenüber behauptet, dass sie nicht gesehen hätte, wer sie eingesperrt hatte. Das klang zwar nicht gerade glaubwürdig, wie Verena fand, aber die Schulleiterin hatte zurzeit größere Sorgen und hakte nicht weiter nach. Denn Mary war verschwunden, und die Suchaktion der Polizei, die wegen Claire bereits vor Ort gewesen war, hatte nicht die geringste Spur erbracht.

Am Nachmittag brachte Verena Claire ein Stück Salami an das Krankenbett. Claire liebte Wurst, aber auf der Krankenstation bekam sie nur Haferbrei und Apfelmus vorgesetzt.

„Thanks, Ver“, sagte Claire und legte die Salami in die Schublade ihres Tischchens.

„Aren't you hungry?“

Claires Lächeln wirkte angestrengt.

„I'll save it for later.“

„Are you all right?“, wollte Verena wissen. Claire war immer noch schrecklich blass, ihre Hände waren eiskalt, und zugleich stand Schweiß auf ihrer Stirn.

„Don't worry“, sagte Claire, bevor ein Hustenanfall sie schüttelte.

„I wish Mary was here to see what she has done to you!“, sagte Verena heftig. „I would teach her to …“

Exercise 28

Synonyme finden. Wir geben dir jeweils ein Wort vor – findest du unter den Auswahlmöglichkeiten das eine Wort, das ungefähr dasselbe bedeutet?

1. *look*

   a) eye *b) see* *c) hear*

2. *talk*

   a) know *b) notice* *c) speak*

3. *break*

   a) fall apart *b) heavy* *c) disturb*

Claire schüttelte den Kopf.

„I think, Mary has enough problems already without a v... – without you chasing[10] her. They say that she might have run away to see her father, who has lost the custody battle."

„But how do you know?" Verena war verblüfft.

„Well, you overhear[11] a lot when you're lying here all day long", sagte Claire lächelnd.

Die Tür ging auf, und Beth kam herein. Als sie Verena sah, blieb sie stehen.

„Are you here to visit me?", fragte Claire.

„Er, well, yes, but I can come back later ..."

Verena stand auf. Beth wich ein Stück zurück. Was hatte sie denn jetzt schon wieder?

10 to chase: verfolgen, jagen 11 to overhear: zufällig hören

„I was leaving anyway. – Bye, Claire", sagte Verena und ging nachdenklich hinaus.

Je länger Mary verschwunden blieb, desto mehr lagen die Nerven bei allen blank. Beim Mittagessen verbreitete sich die Nachricht, dass die Polizei Marys Eltern verhört hatte. Beide hatten versichert, dass sie nichts von ihrer Tochter gehört und gesehen hatten, und die Polizei glaubte ihnen offenbar.

„Her father had a nervous breakdown[12]", berichtete Ellen, eine hochaufgeschossene Schülerin aus der Klasse über Verena, während sie sich ein zweites Stück Pie nahm. „And her mother", sie machte eine Pause, und alle am Tisch hielten den Atem an, „she decided[13] to stay to take care of[14] him."

Eine Schülerin aus Marys Klasse lächelte spöttisch. „So maybe Mary will bring her parents together again after all."

„You mean", rief eine ganz junge Schülerin, „Mary planned her disappearance[15]?!"

So ging es hin und her, aber Verena hörte nicht mehr zu. Sie hatte etwas vom Nachbartisch aufgeschnappt: ihren Namen. Sie tat so, als beteilige sich an dem Gespräch an ihrem Tisch, aber in Wirklichkeit belauschte sie das Gespräch von Marys Freundinnen.

„… weird[16], wearing sunglasses all the time …", sagte ein Mädchen.

„And you know what?" Beth warf bedeutungsvolle Blicke um sich. „She's unnaturally strong! I saw her carrying Claire to the sick room as if she weighed nothing!"

12 nervous breakdown: Nervenzusammenbruch 13 to decide: sich entschließen, sich entscheiden 14 to take care of: sich um jemanden kümmern 15 disappearance: Verschwinden 16 weird: seltsam, merkwürdig

Exercise 29

Präpositionen. Setze die Präpositionen *on, in, for, at, to* in die Lücken ein. Zum Beispiel:
My Dad is _______ the kitchen. → *My Dad is in the kitchen.*

1. *We went to Wales _______ August.*
2. *Would you please go _______ your room right now?*
3. *I didn't see her _______ the barbecue.*
4. *Will you be at the cinema _______ Tuesday?*
5. *What are you waiting _______?*

Susan nickte. „And remember the football game yesterday? No one can dribble that fast."

Beth beugte sich verschwörerisch vor, aber Verena konnte genau verstehen, was sie flüsterte:

„This girl Verena surely has something to hide. And we should definitely[17] find out what it is. Have you heard those rumours[18] about vampires at Falcon Manor?"

„Don't be silly!", wies Susan sie zurecht.

„Anyway[19]", sagte Beth säuerlich, „the police is now assuming[20] that Mary has been kidnapped. And remember my words: vampire or not, Verena most certainly[21] has something to do with Mary's disappearance!"

17 definitely: unbedingt, absolut, definitiv 18 rumours: Gerüchte 19 anyway: wie auch immer 20 to assume: annehmen, davon ausgehen 21 most certainly: ganz bestimmt

Verena ließ ihr Besteck fallen und sprang auf.

„What's wrong, Verena?", fragte Ellen, die neben ihr saß. Aber sie bekam keine Antwort, denn Verena war schon zur Tür raus.

Der Einbruch

Verena wollte sich eigentlich auf ihr Zimmer zurückziehen, um sich eine Strategie zu überlegen. Sie durfte Marys Freundinnen auf keinen Fall noch mehr Anlässe liefern, die Idee mit dem Vampir weiter zu verfolgen! Bisher war sie sehr vorsichtig gewesen, aber das reichte nicht aus. Ihr wurde heiß und kalt, als sie daran dachte, wie sie nachts mit den Falken geflogen war, wie sie sich in ihrer Vampirgestalt vom Turm hatte fallen lassen und wie sie ganz früh morgens durch den Wald gerannt war. Bei all dem hätte sie jemand sehen können!

Beths merkwürdiges Verhalten fiel ihr wieder ein. Hatte sie Verena etwa bei irgendeiner ihrer „unmenschlichen" Aktivitäten beobachtet? Dann wäre es kein Wunder, dass ihr diese Vampirlegende eingefallen war …

Verena öffnete die Tür zu ihrem und Claires Zimmer – und blieb wie erstarrt auf der Schwelle stehen.

Jemand hatte das Zimmer durchsucht. Verenas Kleider waren aus dem Schrank gerissen und überall verstreut worden. Die Schubladen ihres Schreibtischs lagen ausgeleert auf dem Boden.

Nach einer Schrecksekunde trat Verena ins Zimmer und sperrte die Tür hinter sich ab. Achtlos stapfte sie durch grüne Hosen, Pullover und Röcke, trat auf Bücher und Schulhefte, bis sie ihr Bett erreicht hatte. Mit einer Hand hob sie die Matratze hoch, mit der anderen tastete sie den Lattenrost darunter ab. Da, ein Stück Klebeband! Aber das, was damit befestigt worden war, war nicht mehr da.

Verena ließ sich auf den Boden sinken und legte den Kopf in die Hände.

Sie hatten den angefangenen Brief gefunden, den Verena am nächsten Tag beenden und nach Hause hatte schicken wollen.

Ganz ruhig, ermahnte sie sich selbst. *Denk nach: Was genau steht in dem Brief?*

Exercise 30

Meins! Setze die richtigen Possessivpronomen ein: ***mine, their, her, our, its.*** **Zum Beispiel:** ***She has lost _______ pencil.*** **→** ***She has lost her pencil.***

1. *They have run away to see _______ parents.*
2. *This is your book and that is _______.*
3. *The cat is chasing _______ tail.*
4. *Has she found _______ pencil?*
5. *We don't want them to play in _______ garden.*

Sie hatte ihn erst vor dem Mittagessen begonnen, und was sie bisher geschrieben hatte, war ungefähr dies gewesen:

Dear Dad, dear Mum, dear Vince,
Everybody is really upset. First, the vanished girl was rumoured to have run away to see her parents who are going through a divorce[1]*, but*

1 divorce: Scheidung

apparently[2] they haven't seen her. Some people here assume it is a kid-napping, but a ransom demand[3] is still missing.
By the way, did you know that they're telling stories about vampires who are said to have lived here at Falcon Manor in the past? Someone must have spilled the beans[4] …

Weiter war sie noch nicht gekommen. Reichte das aus, um Beths Verdacht zu erhärten? Denn dass Marys beste Freundin etwas mit diesem Einbruch zu tun hatte, das lag ja auf der Hand.

Verena rappelte sich auf. Sie würde nicht untätig zusehen, wie man sie verfolgte, überwachte und verdächtigte. Und es gab nur eins, was sie dagegen tun konnte: Sie musste Marys Verschwinden auf eigene Faust aufklären.

2 apparently: offenbar 3 ransom demand: Lösegeldforderung 4 to spill the beans: alles ausplaudern

Spuren

Exercise 31

Wörtersuche. Findest du in diesem Kapitel die englischen Entsprechungen zu den folgenden deutschen Wörtern?

Stift, verloren, Gerüchte, lebhaft, besuchen, sicher, vermuten

Okay, es gab unauffälligere Dinge, die Verena tun konnte. Aber wenn sie Mary finden wollte, musste sie Risiken eingehen. Und solange niemand sie erwischte, während sie Marys Sachen durchsuchte …

Mary teilte sich ein Zimmer mit Beth, und Beth – das hatte Verena herausgefunden – musste heute Abend bei Ms Clark nachsitzen. Verena hatte von einer älteren Schülerin gehört, dass Beth die junge Lehrerin im Unterricht angefahren hatte: Ms Clark sei doch sicher froh, dass Mary verschwunden war. Sie habe sie ja nie leiden können.

Verena durchwühlte Marys Sachen, achtete aber darauf, alles wieder an seinen Platz zu legen. Das machte nicht viel Mühe, denn entweder besaß Mary kaum Kleidung – oder sie hatte alles mitgenommen, als sie verschwunden war. Nur ein einziges offensichtlich sündhaft teures Top hing in ihrem Kleiderschrank, und ein weißer Seidenschal.

War Mary also doch freiwillig verschwunden? War sie weggelaufen, hatte aber aus irgendeinem Grund den Ort, in dem ihre Eltern lebten, noch nicht erreicht? War ihr auf dem Weg etwas zugestoßen?

Verena hörte Stimmen im Gang, die näher kamen. Beths Stimme war nicht darunter, aber das beruhigte Verena nicht. Vielleicht würde eine ihrer Freundinnen trotzdem in das Zimmer kommen?

Verena sah sich hastig um. Dann schnappte sie sich den Seidenschal aus Marys Schrank, wartete mit angehaltenem Atem, bis die Stimmen weg waren, und schlich dann aus dem Zimmer.

Es war nun schon fast 20 Stunden her, dass Mary verschwunden war. Die Spur konnte nur noch sehr schwach sein, aber Verena versuchte es trotzdem.

Sie hatte sich Marys Schal der Einfachheit halber um das Handgelenk geschlungen, nachdem eine junge Schülerin sie misstrauisch angeschaut hatte, als sie an dem Schal schnuppernd neben dem Falkenbrunnen stand. Mithilfe des Kleidungsstücks machte Verena sich daran, systematisch alle Ausgänge des Schlosses zu untersuchen. Es musste dutzende davon geben, und es dauerte fast eine Stunde, bis Verena einen ganz schwachen Geruch ausmachen konnte. Ja, das roch nach Mary! Aufgeregt schnupperte Verena an dem Rahmen der Tür des Nebeneingangs. Hier war Mary entlanggekommen, garantiert!

Verena sah sich um. Niemand in Sichtweite. Sie hockte sich hin und roch. Ja, das Gras hier hatte Marys Geruch angenommen! Ohne groß zu überlegen kroch sie auf allen vieren der Spur nach, die sie in Richtung der Straße führte, und vergaß vor Begeisterung alle Vorsicht.

„What on earth are you doing?!“

Jane, die nach Claires Verschwinden so geweint hatte, stand plötzlich vor Verena.

„Uh, see, I lost my … my favourite pen. My brother gave it to me …“

Exercise 32

Hauptsache Hauptwort! Bilde Nomen zu den folgenden Wörtern. Zum Beispiel: *meet – meeting*. Oft kann man übrigens mehrere Nomen aus einem Wort ableiten!

1. *live* ____________________
2. *work* ____________________
3. *teach* ____________________
4. *difficult* ____________________
5. *lie* ____________________

Jane kniete sich neben Verena, und gemeinsam suchten sie eine Weile, bis Verena aufstand.

„I guess I must have lost it somewhere else. Thanks for helping me, anyway.“

„Never mind[1].“ Jane wandte sich um, blieb dann aber noch einmal stehen.

„Verena, what do you think about these rumours? Beth thinks that Mary has been kidnapped by a vampire!“

1 never mind: keine Ursache

Verena schluckte. „Beth has a vivid imagination[2], that's what I think."

Jane sah nachdenklich aus, dann nickte sie.

„I guess, you're right. – Say hi to Claire from me when you visit her, will you?"

„Sure."

Dann war Jane endlich weg, und Verena konnte Marys Spur weiter verfolgen.

Sie endete direkt an dem Tor, durch das man auf das Gelände von Falcon Manor gelangte, und zwar an einer jungen Ulme, die vor dem hohen Eisengitter stand, welches das Anwesen umgab.

Verena runzelte die Stirn. Marys Geruch war hier sehr stark. Das konnte nur eins bedeuteten: Sie musste sich an dieser Ulme mit beiden Armen festgehalten und auch ihren Körper dagegen gedrückt haben. Ja, hier waren ja auch einige kleinere Äste abgebrochen! Hatte Mary sich an diesem Baum festgeklammert, bevor sie von jemandem gewaltsam weggezerrt worden war?

Dann stach Verena noch ein anderer Geruch in die Nase. Nein, es waren sogar zwei, und sie passten überhaupt nicht zueinander. Verena hob den abgebrochenen Ast auf und hielt ihn dicht unter ihre Nase.

Kein Zweifel. Veilchenduft und Motoröl. Was hatte das nur zu bedeuten?

2 vivid imagination: lebhafte Fantasie

Der erste Verdacht

Veilchenduft und Motoröl, Motoröl und Veilchenduft …

Verena konnte sich keinen Reim darauf machen. Sie brauchte Hilfe. Jemanden, der sie auf eine Idee brachte, wie diese Gerüche zusammenhingen und was sie mit Marys Verschwinden zu tun haben könnten. Claire!

Exercise 33

Falsh geschriben. In jedem der folgenden Sätze sind zwei Rechtschreibfehler versteckt. Findest du sie? Unterstreiche sie, und schreibe die entsprechenden Wörter noch einmal richtig auf.

1. *You dont need to look for exuses.*

   ____

2. *I'm glat that you're almoust recovered.*

   ____

3. *Beth has a wivid imagenation.*

   ____

Verena ging in der Küche vorbei, wo sie Mrs Bridges ein Stück Fleischwurst abschwatzte, dann lief sie hoch zur Krankenstation.

„Claire!“, rief sie, als sie zur Tür hereinstürmte. „I have something to … – Oh, hi, Ms Clark.“

„Hi, Verena“, sagte Ms Clark lächelnd. Sie saß an Claires Krankenbett, und die beiden hatten sich offenbar angeregt unterhalten.

Ms Clark trug wie immer eine langärmelige Bluse, obwohl es auf der Krankenstation wegen der großen, nach Süden hinausgehenden Fenster noch heißer war als draußen. *Merkwürdig*, dachte Verena, doch dann bemerkte sie etwas, das sie die unpassende Kleidung von Ms Clark vergessen ließ.

Veilchenduft.

„Well, I'm glad that you've almost[1] recovered[2], Claire. – I was just leaving“, fügte sie, an Verena gewandt, hinzu.

Ms Clark stand auf, und eine Woge Veilchenduft traf Verenas Nase. Kein Zweifel, das war derselbe Duft, den sie an der Ulme wahrgenommen hatte!

„What's the matter with you?“, fragte Claire, als Ms Clark gegangen war. „You're looking as though you'd seen a ghost.“

Verena setzte sich an ihr Bett. Sie setzte an, um etwas zu sagen, aber dann hielt sie inne. Wie sollte sie Claire erklären, was sie herausgefunden hatte, ohne ihren übermenschlichen Geruchssinn zu erwähnen?

„Whatever it is“, Claire sah Verena durchdringend an, „you can talk to me. I won't tell anybody.“

Verena gab sich einen Ruck. Vielleicht schöpfte Claire ja gar keinen Verdacht. Es gab doch auch Menschen mit einem guten Geruchssinn, oder?

„Have you noticed that special scent[3] of Ms Clark's?“

Claire nickte. „Violets.“[4]

1 almost: fast 2 recovered: genesen 3 scent: Geruch 4 violet: Veilchen

Exercise 34

Present perfect.* Setze in den folgenden Sätzen das Verb im *present perfect* ein. Zum Beispiel: *They ____________ (see) him. → They've seen him.

1. *____________ you ____________ (notice) that special scent?*
2. *The man ____________ ____________ (kidnap) the annoying girl.*
3. *They ____________ not ____________ (finish) their homework yet.*

Verena nickte. „Well, I smelled the same scent on a twig that had been broken off the big elm tree[5] by the entrance gate[6] to the school grounds[7]."

Claire zog eine Augenbraue hoch.

Na gut. Jetzt war Verena schon so weit gegangen …

„I was searching for clues[8] there because I think that Mary might have gone there yesterday. I think she held on[9] to the tree when someone came and kidnapped her. And her kidnapper smelled of violets."

Von dem Motoröl sagte sie nichts, weil ihr plötzlich klar wurde, dass ständig Autos in Falcon Manor ein und ausfuhren. Jeder Autofahrer konnte diesen Geruch dort hinterlassen haben.

„And you could smell all this because you're a vampire", sagte Claire.

5 elm tree: Ulme 6 entrance gate: Eingangstor 7 school grounds: Schulgelände 8 clue: Hinweis 9 to hold on to: sich festhalten an

In Verenas Kopf rasten die Gedanken durcheinander. Zuerst lachte sie, aber das klang auch für sie selbst wenig überzeugend. Dann versuchte sie sich an einer Erklärung, brach aber mitten im Satz ab, weil sie völlig unsinnig war. Und dann wurde ihr klar, dass das, was Claire gerade gesagt hatte, keine Frage gewesen war, sondern eine Feststellung.

„Relax[10]." Claire legte ihre Hand auf Verenas. „You don't need to look for excuses[11]. I've suspected that you're a vampire ever since I saw you running like the wind on your first morning here at Falcon Manor. – I didn't mean to spy on you[12]", fügte sie entschuldigend hinzu, „it's just that I often go mushrooming[13] there in the early morning."

Exercise 35

Falsche Freunde. Das englische Wort *art* sieht aus wie das deutsche Wort *Art*, bedeutet aber etwas ganz anderes, nämlich *Kunst*. Kannst du die folgenden „Falschen Freunde" übersetzen?

1. *hose*	__________	*Hose*	__________
2. *arm*	__________	*arm*	__________
3. *chef*	__________	*Chef*	__________
4. *desert*	__________	*Dessert*	__________
5. *rat*	__________	*Rat*	__________

10 relax: *hier*: entspann dich, schon gut 11 excuse: Ausrede 12 to spy on someone: jemandem nachspionieren 13 to mushroom: Pilze suchen

In der Falle

Wo sollte sie hin? Kopflos lief Verena durch die Gänge, und es war ihr egal, dass einige Mädchen stehenblieben und über sie tuschelten.

Das Schlimmste, was hatte passieren können, war geschehen: Sie war enttarnt worden! Spätestens morgen würde wohl jeder in der Schule Bescheid wissen, dass die alten Geschichten, die man sich über Vampire in Falcon Manor erzählte, alles andere als erfunden waren. Wie sollte sie das ihren Eltern nur erklären?

Aber noch schlimmer war, dass ihre Freundin Claire sie nun hassen musste. Das tat so furchtbar weh …

In ihrer Verzweiflung hatte Verena nicht darauf geachtet, wohin sie lief, und so fand sie sich auf einmal im Keller wieder. Kein schlechter Ort, um sich zu verstecken. Oder sollte sie sofort fliehen?

Plötzlich stieg Verena ein Geruch in die Nase, den sie kannte. Mary! War sie etwa auch hier im Keller gefangen? Hatte jemand Claire und Mary zugleich entführt?

Verena folgte ihrer Nase in einen Abstellraum, der mit Farbeimern vollgestellt war. Ganz hinten zwischen den Eimern lag … ein schicker schwarzer Lederkoffer.

Verena zog ihn aus dem Durcheinander. Kein Zweifel: Das war Marys Koffer. Verena brach das Schloss auf. Ja, diese Sachen gehörten zweifellos Mary. Die Kleider nur vom Feinsten, teure Schminkutensilien … und ein Brief. Er war an Marys Mutter adressiert.

Exercise 36

Buchstabensalat. In den folgenden englischen Wörtern zum Thema „Sinne" sind die Buchstaben völlig durcheinandergeraten. Kannst du sie wieder in die richtige Reihenfolge bringen?

1. *reha* ____________
2. *mells* ____________
3. *yees* ____________
4. *state* ____________
5. *essen fo thuco* ____________ ________ ____________

Aber warum hatte Mary ihre Sachen hier deponiert? Und weshalb hatte sie den Brief nicht abgeschickt?

Nachher konnte sich Verena ihre Nachlässigkeit nur so erklären, dass sie so durcheinander und erschöpft gewesen war, dass ihre Sinne sie für einen Moment im Stich gelassen hatten. Sonst hätte sie die Schritte im Gang rechtzeitig gehört und sich versteckt. So schaffte sie es gerade noch, den Brief einzustecken und den Koffer mit dem Fuß hinter ein Regal zu schieben, bevor Beth und die anderen sie umzingelten.

„Look what the cat dragged in[1]", sagte Beth und lächelte böse.

1 look what the cat dragged in: wen haben wir denn da?!

Im letzten Moment

Noch einen Tag zuvor hätte Verena fieberhaft überlegt, wie sie aus dieser Situation herauskommen konnte, ohne sich zu verraten. Aber jetzt war sie so erschöpft und hoffnungslos, dass ihre Instinkte das Ruder übernahmen.

Verena spürte, wie ihre Zähne zu wachsen begannen. Egal. Sie konnte sich genauso gut hier und jetzt verwandeln, um zu entkommen. Es war ja sowieso längst zu spät.

„What's wrong with her?", flüsterte Susan und versteckte sich hinter Beths breitem Rücken.

„I don't know …" Beth starrte angestrengt ins Dunkel.

Exercise 37

Dies und das. Setze *this, these, that, those* in die folgenden Sätze ein.

1. *This is my chair and* ____________ *is yours.*
2. *Can I have* ____________ *apples over there?*
3. *I really like* ____________ *film!*
4. ____________ *peaches here taste very good!*
5. ____________ *was a great concert last night!*

Verena freute sich beinahe auf Beths Gesicht, wenn die Verwandlung beendet war. Aber so weit kam es nicht.

„Verena?! This is where you have been hiding! I won! I told you I would find you in no time[1]!"

Bevor Verena oder irgendeins der anderen Mädchen begriffen hatte, was geschah, war Claire schon in den Raum gestürmt, hatte Verena am Arm gepackt – so fest, dass man hätte meinen können, sie wäre selbst ein Vampir – und sie an den Mädchen vorbei in den Gang gezogen. Im Laufen warf Claire Verena einen Mantel über, flüsterte: „You had better assumed your human shape[2] as quickly as possible", und führte Verena auf direktem Weg zu den Garagen, die unweit der Pferdeställe lagen.

Dort angekommen, schlichen sie außer Sichtweite der Chauffeure und Automechaniker herum, bis sie eine Tür fanden, in deren Nähe sich niemand aufhielt.

Claire lotste Verena auf den Fahrersitz eines alten schwarzgoldenen Rolls Royce und ließ sich neben ihr auf den Beifahrersitz sinken.

„Now", sagte sie streng. „You were about[3] to show them that you're a vampire. What the hell were you thinking?"[4]

Verdattert sah Verena von dem hellen Lederlenkrad auf.

„But … you … I thought … it doesn't matter anymore!"

Jetzt sah Claire fassungslos aus.

„What do you mean, it doesn't matter any more? You've been safe so far[5], why would you …? Oh, I see." Und dann tat Claire etwas, was Verena mehr erstaunte als alles, was bisher geschehen war: Sie lehnte sich zu Verena hinüber und umarmte sie.

„Don't you know that I'm your friend?", sagte sie. „I'd never tell anybody who or what you are! Cross my heart and hope to

1 in no time: in Nullkommanichts 2 assume one's human shape: die menschliche Form (wieder) annehmen 3 about: *hier*: drauf und dran 4 what were you thinking?: was hast du dir dabei gedacht? 5 so far: bisher

die[6]", ergänzte sie theatralisch, und da musste Verena lachen.

„As long as you don't try to drink my blood", fügte Claire hinzu, und Verena lachte noch lauter. Claire sah allerdings so aus, als hätte sie das nur halb im Scherz gemeint.

„Oh, no", beeilte Verena sich, ihr zu versichern. „I never drink human blood. My parents send me bottles of blood coke every now and then, that's enough."

„Blood coke?", fragte Claire.

„It's a kind of carbonated[7] bovine blood[8]", erklärte Verena.

„All right, I don't think I need to know the juicy details[9]", sagte Claire bestimmt. „Now, what were you doing down in the cellar?"

Exercise 38

Außenseiter. Eins der Wörter in jeder Reihe passt nicht zu den anderen. Findest du es?

1	by	at	nice
2	niece	man	aunt
3	sound	juice	water
4	right	fierce	left
5	animal	pencil	notebook

Verena kramte Marys Brief aus ihrer Hosentasche. Die beiden beugten sich darüber und begannen zu lesen.

6 cross my heart and hope to die: *englischer Schwur* 7 carbonated: mit Kohlensäure versetzt 8 bovine blood: Rinderblut 9 juicy details: pikante Einzelheiten

Dear Mum,

I'm sorry, but I just cannot stand it[10] *any more. Sammy and me were badly hurt when you and Dad were constantly*[11] *arguing*[12] *– back when Dad was still living with us. But now that you're fighting over custody for the both of us it has become like war. Neither one of you ever listens to what Sammy and I want.*

But now you have to listen. I'm going to get Sammy and then we'll run away. We won't come back before Dad and you stop fighting and start listening. Don't worry, I'll take good care of Sammy.

Love,

Mary

10 to stand: aushalten, ertragen 11 constant: ständug 12 to argue: streiten

Die einzige Spur

Exercise 39

Verben finden. Unterstreiche alle englischen Verbformen auf dieser Seite.

Eine Weile sagte keine von ihnen etwas. Dann flüsterte Claire:

„Poor Mary ..."

Auch Verena tat Mary leid, aber sie hatte trotzdem nicht vergessen, was Mary ihr und vor allem Claire angetan hatte. Egal, das spielte jetzt keine Rolle. Wichtig war nur, dass sie Mary fanden.

„So, it looks like Mary planned to get her brother and then run away", sagte sie. „She packed her things and put them here ..."

„... but she didn't put her plan into action[1]", ergänzte Claire nachdenklich. „Something hindered her from doing so."

„Or someone", sagte Verena.

Ratlos sahen sie sich an, bis Claire energisch die Beifahrertür des Rolls Royce öffnete und ausstieg.

„There's no use[2] in speculating. Let's take a look at the facts instead[3]."

„All right." Verena stieg ebenfalls aus. „And I know just the place to do that."

1 to put a plan into action: einen Plan umsetzen 2 there's no use: es hat keinen Sinn 3 instead: stattdessen

Fünf Minuten später saßen sie an dem großen Eichentisch in der Küche, einen großen Teller Plätzchen und jede ein Glas Limo vor sich. Mrs Bridges hatte sofort den Kühlschrank geöffnet, als sie Claire gesehen hatte.

„You need something to help you regain your strength[4]“, hatte sie mitleidig gesagt.

„Do I look that bad?“, flüsterte Claire Verena zu.

„You're quite pale“, bestätigte Verena.

„You mean, as pale as a vampire?“ Claire kicherte. Als sie nach einer Weile immer noch nicht aufhörte, fragte Verena:

„What's so funny?“

„I just thought about when you found me down in the cellar.“ Claire konnte vor Lachen kaum sprechen. „What a sight: A vampire with pointy teeth and wings, dressed in[5] a green school uniform!“ Jetzt prustete sie richtig laut los.

Exercise 40

Plural bilden. Bilde den Plural der folgenden Wörter.

1. *fact* ______________
2. *kiss* ______________
3. *hero* ______________
4. *cherry* ______________
5. *knife* ______________

4 to regain one's strength: wieder zu Kräften kommen 5 dressed in: bekleidet mit

Verena verdrehte die Augen. Mrs Bridges sah stirnrunzelnd zu ihnen herüber.

„She is still not quite fully recovered“, sagte Verena entschuldigend zu ihr, und dann leise zu Claire: „Could we possibly start thinking about Mary?“

Claire kicherte ein letztes Mal, dann wurde sie wieder ernst.

„All right. What are the facts that we have gathered[6] so far[7]?“

Viel war es nicht, was sie wussten. Mary hatte weglaufen wollen und auch alles dafür vorbereitet. Aber irgendetwas war dazwischengekommen. Verschwunden war sie trotzdem.

Und dann war da noch das, was Verena bei der Ulme vor der Einfahrt gerochen hatte.

„It was the same scent as the one I smelled when Ms Clark visited you at your sick bed“, bekräftigte Verena noch einmal, als Claire zweifelnd den Kopf schüttelte. „Just believe me. Remember, I'm a vampire.“

Das brachte Claire wieder zum Kichern, aber nicht lange.

„I just can't believe that Ms Clark could do anybody any harm[8].“

„Neither can I, but it's the only lead[9] we have. So, what shall we do now? We can't call the police, can we?“

„No. They would laugh at us if we told them about the smell of violets.“ Claire betrachtete nachdenklich den Plätzchenteller, dann nahm sie sich einen Haferkeks und biss hinein.

„How about tailing[10] Ms Clark?“, sagte sie mit vollem Mund.

6 to gather: sammeln, zusammentragen 7 so far: bisher 8 to do somebody harm: jemanden verletzten, jemandem schaden 9 lead: Spur 10 to tail someone: jemanden beschatten

Beschatten für Anfänger

In Falcon Manor war wieder so etwas wie Alltag eingekehrt. Der Unterricht und alle anderen Aktivitäten wurden wie üblich durchgezogen. Sogar das für den kommenden Sonntag geplante Fest, zu dem auch die Familien der Schülerinnen eingeladen waren, wurde wie geplant weiter vorbereitet.

Die Polizei hatte das Internatsgelände inzwischen verlassen und konzentrierte sich bei ihren Ermittlungen auf einen möglichen Entführer.

„There hasn't been any ransom demand yet“, wusste Beth beim Frühstück zu berichten.

„That's merely a matter of time“, meinte Ellen. „Mary's parents are stinking rich.“

Am Nebentisch beugte Claire sich zu Verena herüber. „Ms Clark is done teaching after lunch. But I couldn't find out where she lives, so I suggest that we follow her.“

Verena nickte. Nach dem Mittagessen.

Seit einer halben Stunde folgten sie Ms Clark nun schon, und Verena taten allmählich die Füße weh.

„How far away could she possibly live?“, fragte sie Claire.

Claire kicherte. „Vampires! They just can't take anything[1] when it comes to walking. Come on, footsore[2] vampire, or else we'll lose her!“

„As long as you're having fun“, sagte Verena säuerlich.

1 they just can't take anything: sie halten einfach nichts aus 2 footsore: fußkrank

Exercise 41

Unregelmäßige Verben. Setze die fehlenden Verbformen in die Tabelle ein. Zum Beispiel: ***have – had – had.***

begin		
	wore	
sleep		
		run
sing		

Die beiden Mädchen waren schon vor Ende des Mittagessens auf ihr Zimmer gegangen und hatten ihre Rucksäcke gepackt. Dann waren sie erst zum Fahrradstellplatz gegangen und dann mit ihren Rädern zu den Pferdeställen gefahren, von denen aus man sowohl Falcon Manor als auch die Einfahrt überblicken konnte. Dort hatten sie ihre eigene Kleidung angelegt, die sie in den Rucksäcken aus dem Haus geschmuggelt hatten. Die Schuluniform war zum Beschatten einfach zu auffällig, da waren sie sich einig.

Dann hatten sie gewartet. Und gewartet. Viele Schülerinnen und die meisten Lehrer verließen das Gebäude, doch von Ms Clark keine Spur. Schließlich entdeckten sie sie doch, aber das war reiner Zufall. Denn Ms Clark hatte einen Nebenausgang genommen und ging auch nicht die große Einfahrt hinunter, an dem sich der Lehrerparkplatz befand, sondern schlug einen Weg quer übers Gelände ein.

„She's on foot[3]!", stöhnte Verena.

„You vampires are such sissies[4]", sagte Claire grinsend.

Jetzt, eine halbe Stunde später, hatten sie schon beinahe Beckersham durchquert, den nächsten Ort südlich von Falcon Manor. Verena schwitzte in der Mittagshitze und sie wäre zu gern ein Stück geflogen. Aber das ging natürlich nicht. Und Ms Clark lief einfach immer weiter.

„I won't make it to the next village[5]", stöhnte Verena. „Let's call it a day[6] and head back[7]."

Diesmal lachte Claire sie nicht aus. Sie packte Verena am Arm und zeigte auf Ms Clark. Die Lehrerin hatte einen Schlüssel aus der Tasche gezogen und ging auf ein winziges Häuschen zu, hinter dem der Wald begann.

Ms Clark verschwand im Haus. Verena und Claire näherten sich, bis sie am Gartenzaun des Nebenhauses standen.

„What are we gonna do now?", fragte Verena.

„Now we wait."

Verena wurde klar, dass auch Claire keine Ahnung hatte, wie man das mit dem Beschatten eigentlich machte. Würden sie jetzt hier herumstehen, bis Ms Clark das Haus wieder verließ? Oder bis sie schlafen ging, so dass sie sich ins Haus schleichen und nach Mary suchen konnten?

Aber schon eine Minute später wurde ihnen die Entscheidung abgenommen.

Die Tür zu Ms Clarks Häuschen flog auf, und ein hagerer Mann stürmte auf die Straße. Er sah wütend aus und rannte fluchend davon. Irgendwie kam der Mann Verena bekannt vor, aber sie wusste nicht, woher. Bevor sie Claire darauf ansprechen

3 on foot: zu Fuß 4 sissy: Weichei, Jammerlappen, Heulsuse 5 village: Dorf, Ort 6 let's call it a day: lass uns Schluss machen 7 to head back: zurückkehren

konnte, trat Ms Clark aus dem Haus. Sie sah dem Mann nach, und als sie sich umdrehte, um wieder ins Haus zu gehen, fiel ihr Blick auf die beiden Mädchen.

Exercise 42

Satzsalat. Die Wörter in den folgenden Sätzen sind völlig durcheinandergeraten. Kannst du sie wieder in die richtige Reihenfolge bringen?

1. *vampires sissies such are you!*

   ___

2. *day it let's call a*

   ___

3. *doing you are what here?*

   ___

„Claire! And Verena! What are you two doing here?"

Während die beiden sich hilfesuchend ansahen, winkte sie sie schon heran.

„Come in and have a cup of tea with me, will you?"

Zögernd folgten Verena und Claire Ms Clark ins Haus.

„There goes our inconspicuous shadowing[8]", flüsterte Verena Claire zu.

„But now we can at least get inside the house", flüsterte Claire freudestrahlend zurück.

8 inconspicuous shadowing: unauffällige Beschattung

Ms Clark

Exercise 43

Wörtersuche. Findest du in diesem Kapitel die englischen Entsprechungen zu den folgenden deutschen Wörtern?

Spur, zornig/ärgerlich, Fassung, Zweifel, Versicherung, versprach, Eindruck

Das Haus sah von innen noch kleiner aus als von außen. Aber Ms Clark hatte das Beste daraus gemacht, obwohl sie offensichtlich sehr wenig Geld hatte. Die Möbel stammten vom Sperrmüll, waren aber liebevoll bemalt worden, und die gelben Gardinen waren verwaschen, aber sauber.

Ms Clark führte sie in das Wohnzimmer, das gleichzeitig als Arbeitszimmer diente, wie der Schreibtisch vor dem Fenster verriet. Dann verschwand sie in der Küche, um den Tee zu machen.

Kaum hatte sie das Zimmer verlassen, sagte Verena:

„I can't smell any trace of Mary here. I think, Ms Clark was the wrong lead."

In Claires Gesicht sah sie, was sie selbst auch empfand: Erleichterung darüber, dass diese nette Lehrerin Mary nicht entführt hatte – aber auch Enttäuschung, weil sich damit ihre einzige Spur in Nichts aufgelöst hatte.

Doch dann erreichte der Hauch eines Geruchs, den sie kannte, ihre feine Nase: Motoröl. Wieso roch es in Ms Clarks Wohnung nach Motoröl? Und dahinter lag ein schwacher Duft von Veilchen …

Ms Clark kam mit dem Tee zurück, schenkte ihnen ein und lehnte sich in einem gemütlich aussehenden Sessel mit abgewetztem Polster zurück.

Verena überlegte noch, wie sie Ms Clark erklären konnten, was sie vor ihrem Haus gesucht hatten. Aber Claire kam jeder Frage in dieser Richtung geschickt zuvor.

„That man who just left looked quite upset[1]“, sagte sie.

Ms Clark seufzte und zog an ihren Blusenärmeln, wie sie es oft tat.

„My brother is an angry man“, murmelte sie. „He doesn't like people very much and he prefers the company[2] of cars.“

Als sie Verenas verständnislosen Blick sah, lächelte sie und erklärte, was sie damit meinte. Claire hatte es schon begriffen, und dann fiel es auch Verena wie Schuppen von den Augen: Natürlich, der Mann arbeitete in den Garagen von Falcon Manor!

„He's a chauffeur at Falcon Manor“, sagte nun auch Ms Clark.

Und dort kam er täglich in Kontakt mit Motoröl, begriff Verena plötzlich.

„He doesn't give the impression[3] of being a nice person“, sagte Verena. Das war furchtbar unhöflich, aber sie sah keinen anderen Weg. Sie mussten mehr über diesen Mann erfahren.

„Well, no …“ Ms Clark schien erst nichts sagen zu wollen. Sie nestelte wieder an ihren Ärmeln herum.

Claire riss mit einem Mal die Augen auf, stieß Verena an und deutete auf Ms Clarks Arm. Und in dem winzigen Augenblick, bevor die Lehrerin den Ärmel wieder ganz heruntergezogen

1 upset: aufgebracht, verärgert, erregt 2 company: Gesellschaft 3 to give the impression: den Eindruck machen

hatte, sah sie, was Claire so erschreckt hatte: blaue Flecken, die sich um das ganze Handgelenk zogen und offenbar noch weiter hinaufreichten.

Exercise 44

Verneinung. Mach aus den folgenden positiven Aussagen verneinte Sätze. Zum Beispiel: ***He likes her very much*** **→** ***He doesn't like her very much.***

1. *They look very upset.*

   ____

2. *He gives the impression of being a nice person.*

   ____

3. *We finished the book yesterday.*

   ____

Ms Clark konnte die Mädchen nicht ansehen.

„It's not as it seems", sagte sie leise. „I mean, yes, he … loses his temper[4] every now and then, but …He's got money problems, you know."

„And he was here to ask you for money?", fragte Claire vorsichtig nach.

Ms Clark sah auf. „Yes, but he promised that it was the last time, because he is expecting some money from an insurance policy[5] or the like[6]."

4 to lose one's temper: die Fassung verlieren 5 insurance policy: Versicherungspolice 6 or the like: oder so

„But why was he so angry?", hakte Verena nach. „Didn't you lend[7] him any money?"

Ms Clark straffte die Schultern. „No. I haven't any money left. He … It wasn't the first time he came here scrounging[8] for money, you know?"

Ja, das war offensichtlich. Man brauchte sich nur Ms Clarks Häuschen anzusehen.

Ms Clark atmete tief ein, dann lächelte sie.

„Well, let's hope that things get better when Leonard gets that money from the insurance. – Would you like another cup of tea?"

Exercise 45

Genitiv. Bilde den Genitiv der folgenden Nomen. Zum Beispiel: ***Ms ________ (Clark) brother → Ms Clark's brother.***

1. *This is ____________ (Susan) desk.*
2. *Have you seen my ____________ (parents) car?*
3. *The ____________ (children) room is right here.*
4. *We are going to visit the ____________ (Smiths) mansion[9].*

Claire stand hastig auf. „Thank you very much, but we have to go now."

„Yeah, thank you", stotterte Verena und ließ sich von Claire aus dem Haus ziehen.

Kaum hatte Ms Clark die Tür hinter ihnen zugezogen, als Verena sagte: „No doubt, Ms Clark's brother is the kidnapper!"

7 to lend: leihen 8 to scrounge: schnorren 9 mansion: Villa, Schloss

„That's what I thought", sagte Claire. „But we can't really be sure about that, can we? I mean, he must have used his sister's violet shampoo or creme or whatever, but we can't prove[10] it, can we?"

Verena nahm ihre Freundin an der Hand und zog sie weg vom Haus.

„I think, it's time to tell you about the engine oil[11]."

10 to prove: beweisen 11 engine oil: Motoröl

Claires Entschluss

Als Verena und Claire Falcon Manor endlich erreichten, war das Abendessen schon vorbei.

„I don't know what's worse, my aching[1] feet or the tongue-lashing[2] we're facing[3] from Ms Iddleton as soon as we enter[4] the castle", stöhnte Verena.

Exercise 46

Gegensätze ziehen sich an! Findest du die Gegensatzpaare in den folgenden beiden Wortlisten? Zum Beispiel: ***search – find.***

success – afraid – live – day – love – light – chaos – in

hate – order – die – dark – out – night – failure – brave

Aber als sie die Eingangshalle betraten, interessierte sich niemand für ihr spätes Nachhausekommen. Überall standen Schülerinnen und Lehrer in Grüppchen herum und redeten, und dazwischen gingen Polizisten hin und her.

Claire lief auf die Gruppe zu, die sich um Beth geschart hatte.

„What's new?", rief sie. „Have they found Mary?"

Die kleine Jane brach in Tränen aus.

„No", sagte Beth. „But her kidnapper sent a ransom letter about an hour ago." Sie warf Verena einen bösen Blick zu.

1 to ache: weh tun, schmerzen 2 tongue-lashing: Standpauke 3 to face something: etwas ins Auge sehen 4 to enter: betreten

Verena starrte zurück. Als wäre das ihre Schuld!

„Let's go", flüsterte sie Claire zu, aber Claire war noch nicht bereit.

„Where did he send the letter?", wollte Claire wissen.

Beth sah sie verblüfft an. „Now that you mention it, it didn't come by mail[5] but it was left right here in the hall on the table over there. And nobody saw who put it there!"

Wenn Verena noch einen Beweis gebraucht hätte, dass Leonard Clark der Entführer war, so hatte sie ihn gerade bekommen. Er gehörte zu den Menschen, die den Brief ohne jedes Risiko im Flur deponieren konnte. Schließlich dachte sich niemand etwas dabei, wenn er einen der Chauffeure von Falcon Manor im Haus sah.

Claire war schon einen Schritt weiter.

„Beth, since you're so close to Mary, you surely know the content[6] of the letter, don't you?"

Exercise 47

Adjektive steigern. Setze die fehlenden Steigerungsformen der Adjektive ein. Zum Beispiel: *good – better – best.*

quiet		
	more	
shy		
		narrowest
	smaller	

5 by mail: per Post 6 content: Inhalt

„Of course I do “, sagte Beth, sichtlich geschmeichelt. „Mary's parents must pay one million pounds to get Mary back, tomorrow night.“

„And don't forget to mention[7] the lock of her hair!“, schluchzte Jane.

„They put one of Mary's locks in the letter as proof[8] that they really have her at their mercy[9]“, sagte Beth voller Abscheu. „Her poor parents are frantic[10]!“

Sie deutete zu einem Paar, das mit zwei Polizisten sprach. Der Mann hatte den Arm um die Schulter der Frau gelegt, und sie hatte die Hände vors Gesicht geschlagen. In diesem Moment wünschte Verena sich, sie hätte ganz normale menschliche Sinne. Dann hätte sie die Verzweiflung in der Stimme des Mannes nicht hören müssen, und sie hätte auch die Angst der Frau nicht gerochen.

Sie konnte das Leid von Marys Eltern kaum ertragen. Aber das musste sie ja auch nicht. Sie würde etwas unternehmen. Sie würde ihnen ihre Tochter wiederbringen.

„Claire!“ Verena zog ihre Freundin am Ärmel und zog sie mit sich. In einer Ecke der Halle, die bis auf eine wuchtige scheußliche Stehlampe leer war, hielt Verena an.

„Now, what shall we do? Tell the police about Leonard Clark?“

Claire überlegte.

„No, we can't do that“, sagte sie schließlich. „We've got nothing on him[11] except the smell of engine oil at the elm tree. And I'm sure there is no chance of convincing them of anything with something like that.“

Verena nickte widerwillig.

„All right, Verena“, Claire klang entschlossen. „You've convinced me.“

7 to mention: erwähnen 8 proof: Beweis 9 at their mercy: in ihrer Gewalt 10 frantic: außer sich 11 we've got nothing on him: wir haben nichts gegen ihn in der Hand

Verena sah sie verständnislos an. Wovon hatte sie Claire überzeugt?

„We'll save Mary ourselves[12]. Just you and me."

Verena lachte, aber Claire lachte nicht mit.

„You really mean it?!", fragte Verena nach. „The two of us, we'll find Mary and catch her kidnapper off-guard[13] instead of letting the police do their job? Two schoolgirls like us?!"

Claire grinste. „One girl and one vampire. Or don't you think we could do it[14]?"

„Not with me! Forget it!"

Exercise 48

Pronomen finden. Unterstreiche alle englischen Pronomen wie z.B. *we, these, much* im folgenden Brief.

Dear Dad, dear Mum, dear Vince,
I don't have much time to write today as I have a lot to do. Just let me say one thing: The more[15] I get to know these humans the stranger they seem to me! Well, maybe that's what you wanted me to learn here at Falcon Manor after all …
Next Sunday there'll be a big celebration[16] here and all our families are invited[17]. I hope you'll come and see me play football!
Love,
Verena

12 ourselves: *hier*: auf eigene Faust 13 to catch someone off-guard: jemanden überrumpeln 14 we can do it: wir können es schaffen 15 the ... the: je ... desto 16 celebration: Feier, Fest 17 to invite somebody: jemanden einladen

Der Plan wird geändert

Wie hatte es nur so weit kommen können?, fragte Verena sich, als sie zusammen mit Claire im schwachen Schein der Mondsichel die Garagen beobachtete. Wie hatte sie sich nur auf Claires verrückten Plan einlassen können?

Die beiden hatten sich hinter eine Buchsbaumhecke gehockt, die in Form eines Pferdes geschnitten worden war, und beobachteten die Garagen. Die Chauffeure und der Mechaniker waren nach und nach gegangen. Jetzt brannte nur noch eine Lampe dort, die hin und wieder von dem Schatten eines Mannes verdeckt wurde.

„It must be him", flüsterte Claire bestimmt. Aber sie hatte natürlich keine Ahnung, ob es wirklich Leonard Clark war, der sich noch in der Garage aufhielt. Und Verena konnte ihn nicht riechen, weil die Gerüche nach Öl und Treibstoff alles überlagerten.

Wenn Clark es nicht war, dann hatten sie hier eine Menge Zeit verschwendet …

„There he is!", flüsterte Claire plötzlich. „Can you tell whether it's Leonard?"

Verena nickte.

Claire schüttelte den Kopf über sich selbst. „Of course you can tell that it's him. You're a vampire after all."

Leonard Clark löschte das Licht und schloss die Tür hinter sich ab. Dann machte er sich auf den Weg zum Parkplatz an der Einfahrt.

Exercise 49

its **oder** ***it's*****? Setze in jedem Satz die richtige Form ein. Zum Beispiel:** *Can you tell whether _______ Leonard?* → *Can you tell whether it's Leonard?*

1. *_______ ten past eleven.*
2. *This restaurant is famous for _______ steaks.*
3. *_______ never too late to learn something new.*
4. *There is a cat. _______ chasing _______ tail.*

Die beiden schlichen hinter ihm her und sahen zu, wie er die Tür eines alten, verbeulten Wagens aufschloss. Damit war klar, wie es weitergehen würde: Da sie ihm zu Fuß nicht folgen konnten, würde Verena ihm im Schutz der Dunkelheit hinterherfliegen. Sobald sie wusste, wo Leonard Clark Mary festhielt, würde sie die Lage sondieren und dann auf einen günstigen Moment warten, um Mary zu befreien. Oder die Polizei zu verständigen.

„Well, it's time to go", sagte Verena zu Claire und begann sich zu verwandeln.

„Time to fly", verbesserte Claire sie.

Als Verena die Schwingen ausbreitete, fühlte sie plötzlich zwei starke Arme um ihren Hals.

„Don't worry", sagte sie, um Claire zu beruhigen. „I'll make sure I'm safe[1]."

„No", sagte Claire und klammerte sich noch fester, „it's me who will make sure that nothing happens to you."

1 I'll make sure I'm safe: ich passe auf, dass mir nichts passiert

Verena drehte den Kopf, so weit es hing, und funkelte ihre Freundin wütend an, aber das beeindruckte Claire nicht im Geringsten.

„You can't scare me[2] with that pointy teeth thing. Just go ahead and follow him or else we'll lose him."

Sie beide wussten, dass Verena Claires Arme mühelos lösen konnte. Aber das würde Claire ihr nie verzeihen. Also seufzte Verena nur, sah sich noch einmal auf dem Gelände nach möglichen Zuschauern um, breitete die Schwingen aus und erhob sich in die Luft.

2 to scare someone: jemanden erschrecken

Verfolgung im Flug

Exercise 50

Present progressive. **Bilde die Verlaufsform der folgenden Verben, und setze sie in die Lücken ein. Zum Beispiel:** ***play → playing.***

1. *I love ____________ (fly)!*
2. *Please stop ____________ (cry) like that.*
3. *Is that Jean who is ____________ (swim) in the sea?*
4. *We are ____________ (make) breakfast at the moment.*

Verena hatte genug damit zu tun, in Höchstgeschwindigkeit hinter Leonard Clark herzufliegen, der sich an keine Geschwindigkeitsbegrenzung hielt. Das zusätzliche Gewicht in Form von Claire machte die Sache noch schwieriger, und Verena schwitzte schon nach kürzer Zeit.

Zumindest brauchte sie nicht auch noch darauf zu achten, ob jemand sie sehen konnte. Diesen Job hatte Claire übernommen – wenngleich Verena so ihre Zweifel hatte, ob Claire sich hinreichend auf ihre Aufgabe konzentrierte. Immer wieder stieß sie Schreie des Entzückens aus, rief „wow!" oder jauchzte begeistert.

„I love flying!", schrie sie Verena alle paar Sekunden ins Ohr. „I wish I was a vampire myself!"

„And I wish you'd shout[1] less", keuchte Verena. „Or I'll be deaf[2] in no time!"

Sie flog eine besonders gewagte Kurve um ein mehrstöckiges Haus herum, aber Claire lachte nur vor Vergnügen.

Während sie durch den dunklen Nachthimmel jagten, die Menschen wie Ameisen unter ihnen, nicht ahnend, dass sich über ihren Köpfen eine atemberaubende Verfolgungsjagd abspielte, kamen Verena immer größere Zweifel.

Was war das eigentlich für ein bescheuerter Plan? Wenn Leonard Clark noch weit fuhr, würde sie irgendwann keine Kraft mehr haben, um ihm zu folgen. Und wenn sie es mit viel Glück doch schafften und sogar Mary fanden: Wie sollte sie sie befreien, wenn sie doch gleichzeitig aufpassen musste, dass Claire nichts passierte? Das alles war eine Schnapsidee gewesen. Verena war drauf und dran, umzukehren, als Leonard Clark seine Geschwindigkeit mit einem Mal verringerte. Er bog in eine Straße ein, die aus der Stadt heraus und in ein Waldgebiet führte. Nach kurzer Zeit wurde die Straße zu einem holprigen Feldweg, und das Auto wurde noch langsamer.

Plötzlich konnte Verena es überhaupt nicht mehr sehen.

„Where did he go?!", rief Claire panisch.

Verena kreiste über der Stelle, an der das Auto aus ihrem Blickfeld verschwunden war. Dicht stehende Bäume verstellten ihr die Sicht, und offensichtlich hatte Clark die Lichter des Wagens ausgemacht.

Verena fasste einen Entschluss. „We'll go down here", sagte sie. „Hold on[3]!"

Wie ein Adler im Sturzflug legte sie die Schwingen an, und sie stürzten durch das Blattdickicht der Bäume dem dunklen Waldboden entgegen.

1 to shout: rufen, schreien 2 deaf: taub 3 hold on!: halt dich gut fest!

Exercise 51

Wahr oder falsch? Eine der folgenden Aussagen ist falsch. Findest du heraus, welche?

1. *Claire loves flying on Verena's back.*
2. *Leonard Clark is a chauffeur at Falcon Manor.*
3. *Verena smelled olive oil on the elm tree.*
4. *Leonard Clark drives into the forest.*

Der Überraschungsangriff

Beinahe wären sie Leonard Clark auf den Kopf gefallen. Verena bemerkte ihn im letzten Moment, als sich eine Lücke zwischen den Bäumen auftat, und schaffte es gerade noch, eine Kamikazeschleife zu fliegen. Claire konnte sich so eben noch festhalten, und Verena rechnete es ihr hoch an, dass sie nicht vor Schreck aufschrie, sondern nur ein ersticktes Stöhnen von sich gab.

Trotzdem musste Clark den Windhauch gespürt haben, denn er sah nach oben. Dann schüttelte er den Kopf, schlug die Autotür zu und ging auf die winzige Holzhütte zu, die gut versteckt zwischen den Bäumen lag.

„That was close[1]“, hauchte Claire, die sich jetzt an Verenas Arm klammerte. Mit schreckgeweiteten Augen schaute sie von dem Ast der alten Buche auf den Boden, der mindestens zwei Meter unter ihnen lag.

„I'd be better if you stayed here“, sagte Verena nach kurzer Überlegung. „I'll come and get you as soon as I have Mary.“

„O no! I won't stay here for a million pounds! We'll save Mary together!“

Einen Versuch war es wert gewesen, aber Verena hatte eigentlich nicht daran geglaubt, dass sie die hartnäckige Claire davon abhalten konnte, bei Marys Befreiung mitzumischen. Doch das flaue Gefühl in ihrem Magen wurde immer stärker. Sie würde alle Hände voll zu tun haben, Mary zu befreien. Zumal sie sich vorgenommen hatte, das in ihrer Menschengestalt zu tun, wenn es irgendwie möglich war, um sich nicht zu verraten. Aber

1 that was close: das war knapp

sie konnte dabei nicht auch noch auf Claire aufpassen. Sie wollte gar nicht daran denken, was der brutale und jähzornige Bruder von Ms Clark ihr antun könnte …

Exercise 52

will-Futur. Setze die folgenden Sätze ins Futur, das mit _will_ gebildet wird. Zum Beispiel: _You ____________ (leave) tomorrow_ → _You'll be leaving tomorrow._

1. *She ____________ (watch) a great play[2] tomorrow.*
2. *He ____________ (not play) football.*
3. *They ____________ (be) there.*

Auch wenn Claire ihr für den Rest ihres Lebens böse sein würde, Verena würde sie beschützen, indem sie sie nicht mitnahm.

„All right. But let me assess the situation[3] first. If he's got Mary I'll come back and get you. But you have to stay put[4] till then because you're safe up here even if he should spot me[5].“

Sanft löste sie Claires Hände von ihrem Arm, legte sie um den Stamm der Buche und stand auf.

„But …“, Claire wollte protestieren, aber da hatte Verena sich schon vom Baum geschwungen.

Am Boden verwandelte Mary sich zurück und schlich zu der Holzhütte. Leonard Clark war darin verschwunden, das hatten sie beobachtet, aber es drang kein Lichtstrahl heraus. Alle Fenster waren mit Holzlatten vernagelt worden. An der Rückseite der

2 play: Theaterstück 3 to assess the situation: die Lage prüfen 4 to stay put: sich nicht vom Fleck rühren
5 to spot someone: jemanden entdecken

Hütte fand Verena schließlich doch eine Stelle, an der durch einen schmalen Spalt zwischen zwei Latten ein dünner Lichtstrahl fiel. Verena kletterte auf eine Regentonne und spähte durch den Spalt.

Exercise 53

Buchstabensalat. In den folgenden englischen Wörtern zum Thema „Entführung" sind die Buchstaben völlig durcheinandergeraten. Kannst du sie wieder in die richtige Reihenfolge bringen?

1. *deih* __________________
2. *sprion* __________________
3. *morsan* __________________
4. *kindrappe* __________________

Zuerst sah sie nur Clark, der in einem Rucksack kramte und dann eine Thermoskanne hervorzog. Sein hageres Gesicht war faltig wie bei einem alten Mann, aber seine geschmeidigen Bewegungen verrieten enorme Kraft. Seine blassblauen Augen blickten stechend.

„Your last cup of tea", sagte er gehässig und schüttete etwas von der Flüssigkeit aus der Kanne in einen schmutzigen Becher mit abgebrochenem Henkel.

Verena ließ ihren Blick umherwandern, und endlich entdeckte sie Mary. Sie hockte auf einem alten roten Samtsofa, die Beine untergeschlagen. Ihr Zopf hatte sich fast ganz aufgelöst, das

Haar hing ihr in Strähnen ins Gesicht. Die zusammengezogenen Augenbrauen und der verkniffene Mund wirkten auf den ersten Blick trotzig. Aber Verena konnte an Marys aufgerissenen Augen sehen, dass sie vor allem furchtbare Angst hatte.

Erst da wurde Verena bewusst, was Clark gesagt hatte und dass Mary tatsächlich Todesangst haben musste. „Your last cup of tea" …

Verenas Verstand setzte aus. Sie dachte nicht daran, dass Clark vielleicht den bevorstehenden Austausch bei der Lösegeldübergabe im Sinn gehabt hatte. Sie dachte nicht daran, dass sie nicht den geringsten Plan für eine solche Situation hatte.

Sie konnte nur daran denken, dass Mary nach ihrer letzten Tasse Tee sterben würde.

Mit einem unmenschlichen Schrei packte Verena die Holzlatten, die das Fenster verschlossen, riss sie ab, als wären sie aus Papier, stieß sich von der Regentonne ab und sprang durch das Fenster.

Klassentreffen

Mary riss die Augen noch weiter auf, als Verena mit einem Schrei durchs Fenster brach, und drückte sich in die Ecke des Sofas. Doch zu Verenas Entsetzen dauerte die Schrecksekunde bei Leonard Clark wirklich nur den Bruchteil einer Sekunde. Und obwohl Verena sofort auf Mary zustürmte – mit all der Schnelligkeit, zu der ein Vampir fähig war –, erreichte Clark das verängstigte Mädchen vor ihr.

Verena schrie ihre Frustration heraus, aber das änderte nichts daran, dass sie zu spät kam: Clark hielt der zitternden Mary ein Messer an den Hals und rief:

„Stop! Now! Or I'll kill her!"

Verena blieb nichts anderes übrig, als stehenzubleiben. Wie ein angeketteter Stier tänzelte sie auf der Stelle. Sie war schnell, unmenschlich schnell – aber nicht schnell genug, um Mary von Clark wegzureißen, bevor er das Messer benutzen konnte.

Mary liefen Tränen übers Gesicht, doch sie wischte sie weg.

„Verena, is that you?!"

„You know each other?" Clark lachte hämisch. „So we have a nice little class reunion[1] here!" Seine Miene wurde finster. „I have no idea how you found me and I'm really impressed by your entrance[2], little girl. But unfortunately[3] you've caused[4] serious problems by coming here." Dann grinste er widerlich. „Problems for yourself, that is."

Er zerrte Mary vom Sofa hoch, die voller Angst aufschrie.

„Shut up! Now, take this rope[5]", er kramte hinter sich in einem

1 class reunion: Klassentreffen 2 entrance: *hier*: Auftritt, Auftreten 3 unfortunately: unglücklicherweise
4 to cause: verursachen 5 rope: Seil

Regal und zog ein dickes Seil hervor, „and tie up[6] your friend."

„She's not my friend", sagten Verena und Mary gleichzeitig, und das brachte Clark noch mehr zum Lachen.

„You should be friends", sagte er. „For you have the same kind[7] of humour, it seems."

Exercise 54

Unregelmäßige Verben. Setze die fehlenden Verbformen in die Tabelle ein. Zum Beispiel: ***have – had – had.***

		brought
get		
	flew	
		driven
win		

Verena machte sich bereit, Mary aus der Gefahrenzone zu zerren, sobald sie begann, Verena zu fesseln. Aber Clark hielt Mary die ganze Zeit über das Messer an den Hals, und zwar so dicht, dass Verena keine Chance hatte, einzugreifen.

Eigentlich hatte sie nur noch eine einzige Möglichkeit, die ausweglose Lage zu ihren Gunsten zu wenden: Sie musste ihre Tarnung aufgeben und ihre Vampirgestalt annehmen. Das würde ihr den Augenblick Zeit verschaffen, den sie brauchte. Aber Clark war nicht so leicht aus der Fassung zu bringen, das hatte sie bei ihrem Sprung durch das Fenster gemerkt. Würde es klappen?

6 to tie up someone: jemanden fesseln 7 kind: Art, Sorte

Mary zurrte das Seil um Verenas Hände fest. Verena wusste immer noch nicht, was sie tun sollte. Sie wusste nur: Ihr lief die Zeit davon. Jetzt war Mary fertig, und Clark zog sie von Verena fort. Jetzt oder …

Es krachte. Die Tür fiel mit einem Knall in die Hütte, und ein dunkler Schatten wurde sichtbar. Ein Mensch. Mit einer Axt in der Hand. Claire!

„What the hell!“, rief Clark, und das verschaffte Verena den kurzen Moment, den sie brauchte: Sie zerriss ihre Fesseln, als wären es Bindfäden, erreichte mit einem gewaltigen Sprung Clark, schlug die Hand mit dem Messer zur Seite und zog Mary zu sich hinüber.

„Are you all right?“, fragte sie.

Mary starrte sie an. „The rope, how did you …?“ Dann starrte sie plötzlich auf etwas hinter Verena, und schlug entsetzt die Hand vor den Mund.

Verena fuhr herum. Wie in Zeitlupe sah sie, dass Clark mit dem Messer auf Claire zustürmte. Und dass Claire, zu Tode erschrocken, die Axt fallen ließ.

„Claire“, flüsterte Mary.

Enttarnt

Exercise 55

Wörtersuche. Findest du in diesem Kapitel die englischen Entsprechungen zu den folgenden deutschen Wörtern?

Seil, fesseln, Erklärung, zurücklassen, allein, unbezahlbar

Verenas Denken setzte aus. Instinktiv tat sie das Einzige, was ihr noch übrig blieb.

Mary wich vor ihr zurück, als Verenas Zähne länger wurden, und als ihr Schwingen wuchsen, schrie sie markerschütternd auf und fiel in Ohnmacht.

All das dauerte höchstens eine Sekunde, und Clark hatte Claire fast schon erreicht, als Marys Schrei ihn herumfahren ließ. Als er Verena mit ausgebreiteten Schwingen, langen spitzen Zähnen und einem glühenden Blick auf sich zukommen sah, sank er auf die Knie und ließ das Messer fallen.

Verena fauchte und zischte, klappte die Schwingen blitzschnell ein und war bei Clark, noch bevor das fallende Messer den Boden berührte.

„Here's the rope."

Verena, die Clark festhielt, sah auf. Da stand Claire, hielt ihr das Seil hin, mit dem Verena eben noch gefesselt gewesen war, und sah Verena missbilligend an.

„You can tie him up all by yourself", sagte sie und setzte sich zu der bewusstlosen Mary auf das Sofa.

Verena verwandelte sich zurück und verschnürte Clark dann so fest, dass er keinen Finger mehr bewegen konnte.

„What's wrong with you, Claire? How about, Thanks for saving me from a maniac[1] with a knife, Verena?", fragte Verena.

„Oh, thanks for leaving me alone at the top of a giant tree, Verena! You never did intend[2] to get me and fight against Clark together, did you?!"

Clark ließ ein Stöhnen hören und setzte an, etwas zu sagen. Aber Claire fuhr ihn an: „Shut up! This is between her and me!"

Verblüfft hielt Clark den Mund, und plötzlich konnte Verena nicht anders: Sie musste lachen. Sie lachte und lachte, bis sie Seitenstiche bekam, und nach einer Weile fiel Claire mit ein.

„When you were standing there with that axe[3] in your hand!", prustete Verena. „That was priceless[4]! Where the hell did you find that?"

Claire krümmte sich vor Lachen.

„And when you spread[5] your wings and made that hissing sound[6], that was just brilliant[7]!", brachte sie hervor, bevor der nächste Lachanfall sie schüttelte.

Neben ihr bewegte sich Mary, und schlagartig wurde Claire wieder ernst. Sie stand auf.

„Let's call the police and get out of here", sagte sie.

Verena sah zwischen Clark und Mary hin und her, die jetzt die Augen aufschlug.

„But we can't leave Mary here", sagte sie.

„We have to!", sagte Claire mit Nachdruck. Doch als sie den gut verschnürten Clark musterte, zuckte sie die Achseln.

1 maniac: Irrer, Verrückter 2 to intend: vorhaben 3 axe: Axt 4 priceless: unbezahlbar 5 to spread the wings: die Flügel/Schwingen ausbreiten 6 hissing sound: zischendes Geräusch 7 brilliant: großartig

Exercise 56

Wörtermix. Bilde so viele englische Wörter wie möglich aus einem Ausgangswort. Zum Beispiel ***breakfast*** **→** ***fast, break, at, bear, stab, steak, far …***

Ausgangswort: *brilliant*

____

____

____

____

____

„Well, they'll never believe that Mary overpowered[8] and tied up Clark like that on her own." Sie sah Verena fragend an. Doch es war nicht Verena, die antwortete, sondern Mary.

Sie richtete sich auf und warf Clark einen hasserfüllten Blick zu.

„That should be the least of your worries[9], I'll come up with a good explanation[10] for the police."

Sie sah hoch zu Verena, und ihre Blicke trafen sich. Mary sah so grimmig und entschlossen aus, dass Verena schließlich nickte.

„We'll call the police then", sagte sie, dann ging sie hinaus.

8 to overpower: überwältigen 9 that should be the least of your worries: lasst das meine Sorge sein 10 explanation: Erklärung

Und was jetzt?

Verena hatte das Risiko nicht eingehen wollen, auch den Rückweg nach Falcon Manor fliegend zurückzulegen. Aber Claire hatte darauf bestanden. Schon allein deshalb, weil sie dann schneller zu einem Telefon kamen, um die Polizei zu verständigen. Also flog Verena sie so schnell es ging in den nächsten Ort, wo sie an der nächstbesten Haustür klingelten. Während Verena sich versteckt hielt, um keine Zeit und Kraft für die Verwandlung zu verschwenden, überzeugte Claire die verdutzten Bewohner, dass sie sofort ihre Eltern anrufen müsse, und zwar allein. Als die Hausbewohner das Zimmer verlassen hatten, schilderte Claire kurz und knapp, wo genau Mary und ihr Entführer sich befanden, bevor sie auflegte – natürlich, ohne ihren Namen genannt zu haben.

Kurz darauf waren die beiden wieder unterwegs, und schon bald konnten sie Polizeisirenen hören, und zwei Polizeiwagen rasten unter ihnen durch die Nacht.

Auf Falcon Manor angekommen, schlichen Verena und Claire durch den Kücheneingang ins Gebäude. Sie schafften es ungesehen in ihr Zimmer.

Verena war völlig ausgepumpt und ließ sich sofort auf ihr Bett fallen.

„You can't possibly sleep now!", sagte Claire empört. „We have to wait till we know that Mary is safe and that they've arrested Clark!"

„May I close my eyes at least for a minute or two?", stöhnte Verena.

„If you must“, sagte Claire, und im nächsten Moment war Verena auch schon eingeschlafen.

Exercise 57

if-Sätze. Ergänze die fehlenden Teile in den folgenden Sätzen. Zum Beispiel: ***If he _______________ (travel) to London, he _______________ (visit) Tower Bridge. → If he travels to London, he'll visit Tower Bridge.***

1. *If we _______________ (meet) again, I _______________ (be) very happy.*
2. *If Sandra _______________ (forget) her homework, she _______________ (get) into trouble.*
3. *If they _______________ (leave) now, they _______________ never _______________ (come back).*

Plötzlich stand sie in der Eingangshalle von Falcon Manor. Es wimmelte von Menschen, und ganz vorn stand Mary, Arm in Arm mit Leonard Clark. Sie bemerkte Verena, ihre Augen weiteten sich, dann streckte sie einen Arm aus. Clark machte es ihr nach, und plötzlich starrten alle Menschen in der Halle Verena an und zeigten mit ausgestrecktem Arm auf sie.

„Look at her, she's a vampire!“, rief Mary.

„A vampire … a vampire … a vampire“ kam das Echo von allen Seiten. Und dann begann die Menschenmenge näherzurücken …

„Sure, blame it on the vampire!“

„Verena, what's the matter with you?"

Verena fuhr hoch und sah sich verwirrt um. Sie war in ihrem Zimmer, und da war niemand, der auf sie zeigte. Nur Claire stand neben ihr und machte ein besorgtes Gesicht. Aber das konnte Verena nur kurz beruhigen. Ja, es war ein Traum gewesen. Aber der Traum konnte ganz schnell Wirklichkeit werden. Sobald Mary erzählte, was in der Holzhütte passiert war. Und so sehr, wie sie Verena vom ersten Tag an gehasst hatte, hatte Verena keinen Zweifel daran, dass Mary sie bloßstellen wollte.

Aber das würde sie nicht zulassen. Das konnte sie der Gemeinschaft der Vampire nicht antun.

Es gab nur einen Ausweg.

Sie sprang aus dem Bett, holte ihren Koffer aus dem Kleiderschrank und öffnete ihn.

„Verena, what the hell are you doing?!"

Verena antwortete nicht, sondern warf in Windeseile ihre Sachen in den Koffer. Sie musste weg von hier, bevor die Polizei kam. Claire fasste sie am Arm, aber Verena schüttelte ihren Griff mühelos ab.

„Why do you want to run away?", fragte Claire.

„As soon as Mary's back", sagte Verena, „she'll tell everybody what happened in the shed[1]. Then everybody will know what I really am. I can't allow that to happen. If I leave now no one will believe Mary's story because they can't prove it by examining[2] me."

Claire griff wieder nach Verenas Arm, und plötzlich wich alle Kraft aus ihrem Körper. Sie ließ sich von ihrer Freundin zum Bett ziehen und setzte sich neben sie.

1 shed: Hütte 2 to examine: untersuchen, prüfen

„So, that's what you are afraid of? That everybody will know who you are?" Claires Stimme wurde sanft.

„Verena, you don't have to be afraid. Because you are a really wonderful person. You've saved a girl from a very dangerous situation tonight without hesitating[3]. A girl that is, who has been teasing you since day one. You hunted down[4] a kidnapper. You should be proud[5] instead of hiding[6]!"

Claire umarmte Verena. So saßen sie eine ganze Weile.

„Tell me", sagte Verena schließlich, „how come you accepted me being a vampire right from the start? I mean, humans usually don't believe in vampires. They think we're imaginary creatures like fairies[7] or werewolves or the like."

Exercise 58

Contracted forms. Schreibe die folgenden zusammengezogenen Formen jeweils als zwei getrennte Wörter. Zum Beispiel: *I'm* → *I am*. Achtung: Manchmal gibt es mehrere Möglichkeiten!

1. *we'll* ________________
2. *he's* ________________
3. *they're* ________________
4. *I'll* ________________
5. *she'd* ________________

3 to hesitate: zögern 4 to hunt down someone: jemanden zur Strecke bringen 5 proud: stolz 6 to hide: sich verstecken 7 fairy: Elfe, Fee

Claire lächelte. „Well, it wasn't pure coincidence[8] that we met when you arrived. Or that we're sharing a room. My …"

Das Heulen einer Sirene unterbrach sie.

„The police", sagte Verena tonlos.

Claire stand auf und zog Verena ebenfalls hoch.

„Then let's see what Mary has to say", sagte sie fest.

8 coincidence: Zufall

Eine dicke Überraschung

Als Verena und Claire die Treppe heruntergingen, wimmelte es in der Eingangshalle schon von Menschen. Ms Iddleton eilte zum Eingang, durch den gerade vier Polizeibeamte kamen, in ihrer Mitte …

„Mary!“

Der Schrei kam von Marys Mutter, die ebenso wie ihr Mann vorübergehend ein Zimmer in Falcon Manor bezogen hatte und die jetzt mit flatterndem Morgenmantel durch die Halle rannte. Sie drückte ihre Tochter an sich und weinte und lachte zugleich. Auch Marys Vater kam jetzt dazu und umarmte beide.

Nach einer Weile räusperte sich eine Polizistin.

„Mary's well and unharmed[1]“, sagte sie. In der Halle war es mucksmäuschenstill geworden.

„Where did you find her? How …“

Die Polizistin hob die Hand und unterbrach den Redeschwall von Marys Mutter.

„Well, we got an anonymous phone call that your daughter was being held hostage[2] in a shed in the woods near Beckersham. We found her and the kidnapper there.“ Sie kratzte sich am Kopf. „What we don't know yet[3] is how Mary has managed to tie up the kidnapper.“ Sie lachte auf, was ihr einen verständnislosen Blick von Marys Mutter und einen bösen Blick von ihrem Vater einbrachte. Schnell beeilte sie sich zu erklären:

„Well, the kidnapper was quite confused. He repeated[4] again and again that he had been tied up by a vampire.“

1 unharmed: unverletzt 2 to be held hostage: gefangen gehalten werden 3 yet: bisher 4 to repeat: wiederholen

Exercise 59

Plural bilden. Bilde den Plural der folgenden Wörter.

1. *hat* ________________
2. *box* ________________
3. *lady* ________________
4. *thief* ________________
5. *mouse* ________________

Verena zuckte zusammen. Jetzt kam die Stunde der Wahrheit.

Mary befreite sich aus der Umarmung ihrer Eltern und blickte suchend umher. Als sie Verena auf der Treppe entdeckte, sah sie sie eine ganze Weile an. Erst als ihr Vater fragte: „What are you looking at, dear?“, wandte sie den Blick von Verena ab.

„He's been talking nonsense like that all along. I don't know but I think that he's kind of insane[5]. Otherwise, I wouldn't have had a chance to overpower him and tie him up, that's for sure [6].“

Dann sah sie noch einmal kurz zur Verena hinüber und nickte ihr zu, bevor ihre Mutter verkündete, dass ihre Tochter jetzt erst einmal schlafen musste und dass alle weiteren Fragen – ja, auch die der Polizei! – bis morgen warten müssten.

Das Spektakel war vorbei. Ms Iddleton scheuchte alle zurück in ihre Zimmer.

„See“, flüsterte Claire, als sie die Treppe hinaufliefen. „Even Mary's got a good heart.“

5 insane: verrückt 6 that's for sure: das steht fest, das ist sicher

Exercise 60

Falsh geschriben. In jedem der folgenden Sätze sind zwei Rechtschreibfehler versteckt. Findest du sie? Unterstreiche sie, und schreibe die entsprechenden Wörter noch einmal richtig auf.

1. *I think that hes kind off insane.*

   ____

2. *We found her and the kidnaper their.*

   ____

3. *He was quiet confuzed.*

   ____

„I'm not so sure about that", flüsterte Verena zurück. „I mean, it's quite cool to tell everybody that you overpowered your kidnapper all by yourself, isn't it?"

„Maybe." Claire schloss ihre Tür auf, die beiden zogen sich ihre Pyjamas an und ließen sich in ihre Betten fallen. Im Halbschlaf fiel Verena ein, dass sie Claire noch etwas hatte fragen wollen. Was hatte Claire damit gemeint: Es sei es kein Zufall gewesen, dass sie sich getroffen hatten?

Aber selbst ein Vampir war irgendwann mal am Ende seiner Kräfte. Und während Verena noch über Claires Andeutungen nachdachte, schlief sie auch schon ein.

Kein Tag wie jeder andere

Exercise 61

Nomen finden. Unterstreiche alle englischen Nomen in diesem Kapitel.

Es dauerte bis zum Mittagessen, bis Mary wieder auftauchte. Alle anderen saßen schon zu Tisch, als sie den Raum betrat.

„Mary, come here!“, rief Beth und winkte ihr zu. „We are bursting with curiosity[1]. You have to tell us everything!“

Claire stieß Verena in die Seite und deutete auf Mary. Mary sah unschlüssig zwischen Beth und Verena hin und her, dann nickte sie Verena zu und lächelte – ganz kurz –, bevor sie sich zu Beth an den Tisch setzte, wo sie sofort mit Fragen bestürmt wurde.

Verena sperrte die Ohren auf, um jedes Wort mitzubekommen. Und sie war nicht die Einzige: Überall an den Tischen verstummten die Gespräche, bis alle Mary zuhörten.

Verena konnte nicht anders, als Mary Respekt zu zollen für die atemberaubende Geschichte, die sie den anderen auftischte. Und das erzählte Mary:

Der Kidnapper hatte ihr bei den Ställen aufgelauert, ihr einen Sack über den Kopf gezogen, sie zu einem Auto getragen und sie stundenlang im Kofferraum eingesperrt gehalten. Dann fuhr er mit ihr weg, trug sie am Ziel in eine Hütte und nahm ihr erst dann den Sack ab.

1 to be bursting with curiosity: vor Neugier platzen

Er fesselte sie nur, wenn er nicht da war, und er gab ihr genug zu essen und zu trinken. Aber was er erzählte, ließ Mary schon bald vermuten, dass ihr Kidnapper verrückt war. Er warf ihr vor, dass Mary seine Schwester geärgert habe, und redete immer wieder von bösen Mächten, die hinter ihm her seien. Monster, Vampire, Dämonen und so was. Und gestern hatte er plötzlich überall in der Hütte Monster gesehen. Da hatte Mary sich das Seil geschnappt, mit dem er sie immer fesselte, und hatte es geschafft, ihn einzuwickeln.

Exercise 62

Paare finden. Finde die deutsch-englischen Paare und verbinde sie mit einem Strich. Zum Beispiel: *to call back* **→** *zurückrufen***.**

tie up	*es abgesehen haben auf*
calm down	*ansehen*
look for	*fesseln*
think over	*suchen*
go for	*vorbeigehen*
walk by	*überdenken*
look at	*sich beruhigen*

„Even when the police arrived[2]“, schloss Mary ihr beeindruckendes Lügenmärchen, „he kept on babbling[3] about a vampire

2 to arrive: ankommen 3 to babble: faseln

who had tied him up." Mary schnaubte verächtlich. „And everybody knows: There are no vampires!"

„But what about this anonymous phone call?", fragte Jane zaghaft.

Mary nickte. „I was wondering about[4] that, too. Well, it must have been someone who heard something when I overpowered the kidnapper but was afraid to come closer and called the police instead."

Jane nickte, und auch die anderen schien diese Erklärung einzuleuchten. Nur Verena konnte sich ein Kichern nicht verkneifen, das sie schnell als Hustenanfall tarnte.

Mary sah zu ihr hinüber.

„Well, I hope you get well soon, Verena. Or are you going to shirk[5] the big game on Sunday?" Sie grinste.

„No chance.You had better be prepared for the worst", sagte Verena und grinste zurück.

4 to wonder about something: 5 to shirk: sich drücken

Familientag

„Show them, Ver!", brüllte Vince so laut am Spielfeldrand, dass nicht nur Verena ihn hervorragend hören konnte.

Sie gab den Ball ab und sah kurz zu Vince hinüber.

Er strahlte über das ganze Gesicht – soweit sie das angesichts seiner riesigen Sonnenbrille erkennen konnte – und winkte ihr wie wild zu.

Exercise 63

Hauptsache Hauptwort! Bilde Nomen zu den folgenden Wörtern. Zum Beispiel: ***meet – meeting*****.**

1. *argue* ________________
2. *intelligent* ________________
3. *odd* ________________
4. *happy* ________________
5. *verbal* ________________

Neben Vince saßen Verenas Eltern, ebenfalls mit Sonnenbrillen an diesem strahlenden Sonnentag. Verenas Mutter hatte außerdem einen gigantischen Hut aufgesetzt, der wohl sogar beim Pferderennen Aufsehen erregt hätte.

Neben ihrer Familie entdeckte Verena Claire mit ihren Eltern. Verena hatte wegen des Spiels keine Zeit gehabt, sie einander vorzustellen. Aber das hatte Claire offenbar inzwischen erledigt. Erstaunt sah Verena, wie Claires Mutter sich zu ihrer herüberbeugte und etwas sagte, worauf Verenas Mutter … sich ausschüttete vor Lachen?! Verena runzelte die Stirn. Das passte so gar nicht zu ihrer vornehmen, beherrschten Mutter …

„Hey, sleepy head[1]!“ Die Stimme einer Mitspielerin riss Verena aus ihren Gedanken. Im letzten Augenblick sah sie, dass Mary drauf und dran war, sie zu umrunden. Danach stand nur noch die Torfrau zwischen Mary und dem Tor!

Verena warf sich herum und hechtete mit den Füßen voran in Marys Lauf.

„Foul!“, schrie die eine Hälfte der Menschen auf dem Platz und auf der Tribüne.

„No, fair play!“, brüllten die anderen.

Die Schiedsrichterin, Ms Clark, entschied auf Foul.

Verena fluchte. Mary stand auf, rieb sich das Knie, und weiter ging es.

Es war ein ausgeglichenes Spiel, und das lag nicht zuletzt daran, dass Verena ihre übermenschlichen Fähigkeiten nicht einsetzte. Sie wollte fair spielen. Am Ende gewann Marys Mannschaft mit einem Elfmeter kurz vor Schluss, aber niemand regte sich groß darüber auf. Alle waren viel zu froh, dass sie für einen herrlichen langen Tag mit ihren Familien vereint waren.

Als Verena aus der Umkleidekabine kam, warteten ihre Familie und die von Claire schon auf sie.

Verenas Mum schwenkte ein Glas Sekt und rief übermütig:

1 sleepy head: Schlafmütze

„There she is, my wonderful daughter! Have a sip of champagne!“

„You surely wouldn't want Verena to get drunk and be sick all night, would you?“, sagte Claires Mutter. Und als wäre das noch nicht genug, nahm sie Verenas Mutter nun auch noch das Glas aus der Hand. „You've had enough, Vanessa, don't you think?“

Exercise 64

Wörtermix. Bilde so viele englische Wörter wie möglich aus einem Ausgangswort. Zum Beispiel *breakfast* → *fast, break, at, bear, stab, steak, far …*

Ausgangswort: *watching*

____

____

____

____

____

Verena hielt die Luft an. Noch nie hatte jemand es gewagt, so mit ihrer Mutter zu sprechen. Was würde sie jetzt tun? Claires Mutter in der Luft zerreißen?

Stattdessen senkte Verenas Mutter reumütig den Kopf und überließ Claires Mutter das Glas.

„You always watched out for me[2], Sybil, when we were young“, sagte sie. Dann kicherte sie. „Even when I hid our head-master's car in the tower!“

Verena öffnete den Mund, aber Claire nahm ihren Arm und zog sie mit sich zum Falkenbrunnen.

„Did you see that?“, fragte Verena ihre Freundin, als sie die Sprache wiedergefunden hatte. „My mother ... she never ... I can't believe it!“

Claire lachte. „Well, they've known each other for more than twenty years now. And although they never met again after they finished school, as Mum has told me, they're still quite familiar with each other, as it seems.“

Verena sah Claire fassungslos an.

„Well“, sagte Claire, „remember[3] when I told you that it wasn't pure coincidence that we met when you first came here? I've known all my life that there are vampires in the world and that they send their children to human schools.“ Sie schaute verlegen zu Boden. „And so I looked for a vampire when I came to Falcon Manor. Because I hoped that we could have as much fun together as my mother had with the vampire she met here twenty years ago. That's how I found you. But I had no idea that you were the daughter of the vampire my mum had known when she was a school girl until she told me at the game!“

Verena wusste nicht, ob sie sauer sein sollte oder ... Aber dann fiel ihr die Entscheidung doch ganz leicht.

„And fun we had, didn't we?“, sagte sie. „I can't wait for our next extraordinary experience here!“

„Neither can I“, rief Claire erleichtert. „And now let's get a coke somewhere!“ Sie lief los.

2 to watch out for someone: auf jemanden aufpassen 3 to remember: sich erinnern

„I would die for a blood coke", murmelte Verena und lief lachend hinter ihr her.

Exercise 65

Wahr oder falsch? Eine der folgenden Aussagen ist falsch. Findest du heraus, welche?

1. *The name of Claire's mother is Sybil.*
2. *Mary overpowered her kidnapper.*
3. *Verena's mum is drinking champagne.*
4. *Mary's team wins the game.*

Final Quiz

1. *What is Verena's last meal at home before she leaves for Falcon Manor?*

___

___

2. *Why does Ms Clark always wear clothes with long sleeves[1]?*

___

___

3. *What does Mary make Verena do when she becomes her tutor?*

___

___

4. *Where does Verena find Claire after she has been kidnapped by Mary?*

___

___

5. *What do the police and Mary's friends think in the beginning why she might have vanished?*

___

___

1 sleeve: Ärmel

6. *What leads Verena to Leonard Clark?*

____

____

7. *Where do Verena and Claire find Mary?*

____

____

8. *Which prank[2] did Verena's mother play on the headmaster when she was a school girl in Falcon Manor?*

____

____

2 prank: Streich

Lösungen

Exercise 1: bat, blood, night, wings, teeth

Exercise 2: 1. It's so hot today, I think I'll have an ice cream.
2. She's in the town centre. He'll meet her there.
3. One day we'll buy a new car.

Exercise 3: she will, he had/he would, we are, they have, it is

Exercise 4: polite – impolite, pale – rosy/bright, right – left, loud – quiet, full – empty, clean – dirty, old-fashioned – trendy

Exercise 5: 3. No, *Claire* becomes Verena's new friend at Falcon Manor.

Exercise 6: 1. anger, 2. building, 3. laugh, laughing, 4. hunter, hunting, 5. thinking, thought

Exercise 7: 1. tri → try, egnore → ignore 2. sertainly → certainly, wont → want 3. Aren'd → Aren't, kute → cute

Exercise 8: dust, favourite, impressive, someone, tower, spiders

Exercise 9: 1. two hours ago, 2. the day after tomorrow, 3. in July, 4. at night, 5. on Sunday

Exercise 10: 1. mice, 2. green, 3. hand, 4. her, 5. butterfly

Exercise 11: 1. running, 2. worrying, 3. hoping, 4. dancing

Exercise 12: 1. Was ist denn hier los? 2. Meinst du das im Ernst? 3. Ich verstehe, was du meinst. 4. Auf keinen Fall! 5. Mach, was du willst!

Exercise 13: football, game, flederball, bats, flederball, metres, ground, friend, relatives, tower, falcons, iron supplement pills, bottles, blood, beetroot, juice

Exercise 14: 1. ziemlich, ruhig, 2. sein, es ist, 3. (sie) waren, wir sind, 4. brechen, Bremse, 5. Wein, jammern/ winseln

Exercise 15: 1. quickly, 2. dangerously, 3. carefully, 4. terribly, 5. fully

Exercise 16: 1. brief = kurz, Brief = letter; 2. where = wo, wer = who; 3. notice = bemerken, Notiz = note; 4. also = auch, also = so, therefore; 5. kitchen = Küche, Kittchen = prison, jail

Exercise 17: 1. You were late for your lesson. 2. I'll tell Ms Clark that you can't make it. 3. You'll clean the floor in our bathroom with a toothbrush. 4. Have a nice day.

Exercise 18: 1. No, you didn't tell me to leave you alone. 2. No, I can't translate this sentence. 3. No, I haven't found your notebook. 4. No, she hasn't gone crazy.

Exercise 19: 1. Give me just another five minutes, will you? 2. She's such a scatterbrain, isn't she? 3. He will come tomorrow, won't he? 4. They can dance all night, can't they?

Exercise 20: what, her, everybody, it, I, that, me, she, anything, you

Exercise 21: 1. read = lesen, 2. silence = Ruhe, Stille, 3. books = Bücher, 4. library = Bibliothek, 5. shelves = Regale

Exercise 22: 1. who, 2. where, 3. how, where, who, 4. why, 5. when

Exercise 23: pyjamas = Schlafanzug, glasses = Brille, stairs = Treppe, goods = Güter, Waren, scissors = Schere, clothes = Kleidung,

Exercise 24: 2. No, Ms Iddleton sends everybody to *their rooms*.

Exercise 25:

F	A	L	C	O	N	S				
						P	A	N	I	C
					M	I	C	E		
						D	U	S	T	
		C	O	B	W	E	B			
		T	O	W	E	R				

Exercise 26:

low	lower	lowest
mean	meaner	meanest
large	larger	largest
little	less	least
common	more common	most common

Exercise 27: different, difficult, weaker, poor, strange, mean, last, safe, few, strange, human

Exercise 28: 1b: see, 2c: speak, 3a: fall apart

Exercise 29: 1. in, 2. to, 3. at, 4. on, 5. for

Exercise 30: 1. their, 2. mine, 3. its, 4. her, 5. our

Exercise 31: pen, lost, rumours, vivid, visit, sure, guess

Exercise 32: 1. life, living, 2. work, working, 3. teacher, teaching, 4. difficulty, 5. lie, liar

Exercise 33: 1. dont → don't, exuses → excuses, 2. glat → glad, almoust → almost, 3. wivid → vivid, imagenation → imagination

Exercise 34: 1. Have you noticed that special scent? 2. The man has kidnapped the annoying girl. 3. They have not finished their homework yet.

Exercise 35: 1. hose = Schlauch, Hose = trousers, pants, 2. arm = Arm, bewaffnen, arm = poor, 3. chef = Koch, Chef = boss, 4. desert = Wüste, Dessert = dessert, 5. rat = Ratte, Rat = advice

Exercise 36: 1. hear, 2. smell, 3. eyes, 4. taste, 5. sense of touch

Exercise 37: 1. that, 2. those, 3. this, 4. these, 5. that

Exercise 38: 1. nice, 2. man, 3. sound, 4. fierce, 5. animal

Exercise 39: looks, planned, get, run, packed, put, put, hindered, doing, speculating, take, know, do

Exercise 40: 1. facts, 2. kisses, 3. heroes, 4. cherries, 5. knives

Exercise 41:

begin	began	begun
wear	wore	worn
sleep	slept	slept
run	ran	run
sing	sang	sung

Exercise 42: You vampires are such sissies! 2. Let's call it a day. 3. What are you doing here?

Exercise 43: trace, angry, temper, doubt, insurance, promised, impression

Exercise 44: 1. They don't look very upset. 2. He doesn't give the impression of being a nice person. 3. We didn't finish the book yesterday.

Exercise 45: 1. Susan's, 2. parents', 3. children's, 4. Smiths' mansion

Exercise 46: success – failure, afraid – brave, live – die, day – night, love – hate, light – dark, chaos – order, in – out

Exercise 47:

quiet	more quiet/ quieter	most quiet/ quietest
much	more	most
shy	shyer	shyest
narrow	narrower	narrowest
small	smaller	smallest

Exercise 48: I, much, I, me, I, these, they, me, that, what, you, me, our, I, you, me

Exercise 49: 1. It's, 2. its, 3. It's, 4. It's, its

Exercise 50: 1. I love flying! 2. Please stop crying like that.
3. Is that Jean who is swimming in the sea?
4. We are making breakfast at the moment.

Exercise 51: 3. No, Verena smelled *engine oil* on the elm tree.

Exercise 52: 1. She'll watch a great play tomorrow. 2. He won't play football. 3. They'll be there.

Exercise 53: 1. hide, 2. prison, 3. ransom, 4. kidnapper

Exercise 54: Tabelle ein. Zum Beispiel: „have – had – had.“

bring	brought	brought
get	got	got
fly	flew	flown
drive	drove	driven
win	won	won

Exercise 55: rope, tie up, explanation, leave, alone, priceless

Exercise 56: Zum Beispiel: at, ant, bat, tan, tall, tin, bar, all, brat, ran

Exercise 57: 1. If we meet again, I'll be very happy.
2. If Sandra forgets her homework, she'll get into trouble.
3. If they leave now, they will never come back.

Exercise 58: 1. we will, 2. he has/is, 3. they are, 4. I will, 5. she had/would

Exercise 59: 1. hats, 2. boxes, 3. ladies, 4. thieves, 5. mice

Exercise 60: 1. hes → he's, off → of, 2. kidnaper → kidnapper, their → there, 3. quiet → quite, confuzed → confused

Exercise 61: curiosity, police, vampire, vampires, phone call, kidnapper, police, game, Sunday, chance

Exercise 62: tie up = fesseln, calm down = sich beruhigen, look for = suchen, think over = überdenken, go for = es abgesehen haben auf, walk by = vorbeigehen, look at = ansehen

Exercise 63: 1. argument, 2. intelligence, 3. oddity, 4. happiness, 5. verb